# 我们为什么要做企业家

Why Should We Be Entrepreneurs

田涛 /著

企业家精神与组织兴亡律

中信出版集团 | 北京

图书在版编目（CIP）数据

我们为什么要做企业家：企业家精神与组织兴亡律 / 田涛著 . -- 北京：中信出版社，2020.7（2025. 3 重印）
ISBN 978-7-5217-1895-9

Ⅰ . ①我… Ⅱ . ①田… Ⅲ . ①企业家-企业精神-研究-中国 Ⅳ . ① F279.23

中国版本图书馆 CIP 数据核字（2020）第 085643 号

我们为什么要做企业家——企业家精神与组织兴亡律

著　　者：田涛
出版发行：中信出版集团股份有限公司
（北京市朝阳区东三环北路27号嘉铭中心　邮编　100020）
承 印 者：北京通州皇家印刷厂

开　　本：880mm × 1230mm　1/32　　印　　张：10.25　　字　　数：180 千字
版　　次：2020 年 7 月第 1 版　　印　　次：2025 年 3 月第 10 次印刷
书　　号：ISBN 978-7-5217-1895-9
定　　价：68.00 元


服务热线：400-600-8099
投稿邮箱：author@citicpub.com

# 目　录

## 第2讲 我们为什么要做企业家？（下）



## 第3讲 企业家精神与商业革命

## 第 4 讲 组织进化的逻辑

第5讲

## 组织兴亡律与组织变革



第6讲

## 不能让繁荣滋长腐化与懈怠

第7讲

疯子、天才与聪明的组织



第8讲

同理心：领导者的核心心理品质

## 第9讲 精神激励：一种虚拟的价值符号



## 第10讲 从神圣使命到世俗动机（上）

第11讲

从神圣使命到世俗动机（下）



第12讲

你点亮蜡烛，黑暗会自动消失

## 第13讲 危机时期，拒绝悲观主义

# 自　序

# 人生是个函数

## （一）

《理念 · 制度 · 人》和《我们为什么要做企业家》这两本小书，严格来说是讲出来的，是我过去3年在多个场合关于华为的演讲整理稿。

自2012年我和吴春波老师合著的《下一个倒下的会不会是华为》一书出版之后，我应邀在华为内外部、在国内外、在企业和高校，针对不同对象，做了50多个不同角度的关于华为的讲座。为什么有这么多呢？第一，我不喜欢炒剩饭，一个话题讲三次以上就无法让我兴奋了，兴奋不起来也就很难讲好。第二，华为的确是个大宝藏，无论从哪个角度你都能发现一些管理学教科书中所没有的独特性与创造性。华为是一个充满了文化质感与哲学意味的组织，而且有很强的架构，同时实验气息浓厚。所以它很对我的口味，对我形成了强大的思想引力。第三，作为顾问，我拥有一项约定俗成的“特权”——能够和公司任何层面的人士进行正式或非正式的交流，过去8年我也最大程度地运用了这一“特权”，在华为团队的配合下访谈了常务董事会的每一位董事、各产品线主管、研发体系主管和专家、各业务支撑体系的主管和专家，同时也深入多个国家和地区，访谈了许多华为一线的基层主管和普通员工，覆盖了从50后到90后的几代华为人，也覆盖了不同种族和国籍的华为人。第四，我和华为创始人任正非先生长期保持着充分开放的交流，这使我有机会近距离地捕捉他的思想脉动，感受他的一个个管理观念从发生、发展到成熟的全过程，并从中感知他的人格魅力和道德力量。以上诸因素，就使得我关于华为的思考有了观念上的多元视角，同时又有大量丰富而鲜活的案例，所以，每一次的讲座首先能让我自己兴奋起来，当然也能给听者带来一点思考。

## （二）

人生是个函数，你永远不知道上帝在关闭某一扇门时，另一扇门的背后隐藏着什么。

2017年6月的第一个周末，我和几位朋友去北京清河湾高尔夫球场打了一场球，5个小时下来，我的右腿突然间变得无力起来，半年间，中西医各种疗法都用了，皆无效。后来检查出，这是一种不多见的进行性神经退化病。

不过，很奇特的是，自检查出这种病后，我好像有天窗突然开了的感觉，思维变得极其活跃和敏锐，更重要的是，似乎大脑中平添了一把锋利的刀，对一些问题能够凭直觉一刀切到根底，这令我感到惊讶和欣喜。说老实话，我虽然具有一般研究者所不具有的位势，拥有关于华为翔实、丰富和系统的第一手资讯，但当被某些人和媒体抬举为“华为研究专家”时，我常常不敢心安接冠。我清楚，很长一段时间内我看华为，也是云里雾里难窥真貌，雾里看花不明就里。但2017年下半年之后，我似乎在无数纷乱的信息流中，闪电般地捕捉到了背后的大逻辑，这就是这本小书中我自认为最重要的两大讲座：“华为，企业文化的胜利”和“理念·制度·人”。

这里想借一位跟听了我讲座7年的企业家的话小卖弄下：“田老师，我怎么发现你这几年的讲座水平越来越高了，每一次都是一次精神享受。”我听了类似的恭维，是会在瞬间有点飘飘的、晕晕的，但毕竟60出头了，血压也正常，血糖也不高，定力还是有的，也知道当下这时代，夸人和骂人的词语都通胀了，全信不得，全信就掉沟里了。但我也明白了另一层含义：你过去讲的，呵呵，垃圾罢了！这次编选讲稿，本来最少有50讲的，包括“华为是怎样创新的”“华为是如何开展自我批判的”“华为的目标管理”“华为的客户管理”等，题目都很吸引人，但打开内容一看，我自己读着都觉得脸红，哪敢入选之后露丑？垃圾！砍掉！毫不犹豫地砍掉！

现在入选的这25篇，除了2016年的一篇，其他24篇都是我过去3年在华为内外部的讲座内容整理稿，还是有点看头的，这一点我有自信。华为有人在看过我的文稿后评价：基本从逻辑底层把华为讲明白了。这句话我听了很受用。当然，我也有自知之明，与华为这样一个丰厚且不断变化的研究标本相比，“华为研究专家”的帽子太大，我的脑袋太小，撑不起。我无非是一个勤奋而专注的观察者、案例分析者而已。

有学者朋友问我，能否把《理念·制度·人》和《我们为什么要做企业家》这两本书与《下一个倒下的会不会是华为》做个比较？我的回答是，后者不过是一本关于华为研究的入门书而已，与新书相比，肯定不在一个档位。

## （三）

华为是一个“西式构造”，更确切地说，是一个“美式构造”。华为一位思想型的前常务副总裁更直截了当地告诉我，华为就是一个微型的“小美国”。我在大量的访谈和近距离观察、研究之后，基本认同他的观点。华为是一个杂糅的文化与制度物种，亦中亦西，非马非驴，但它最深层的结构是美式的，或者更准确地说，是企业制度上的“美式构造”加文化上的英雄主义。

但是，这里面有个根本不同，就是华为削足适履地向美国学习，花巨资向美国企业、向美国咨询公司汲取管理营养，主要是向经典的、传统的美国企业学习，具体点说，是向 20 世纪 20 年代至 80 年代的美国企业学习（当然也不排除向微软、苹果、亚马逊、谷歌等当代最伟大的公司学习），那是美国管理理论与实践的黄金时代。那个时代的美国企业家们普遍拥有强大的使命精神，“尽其所能地获取，尽其所能地节俭，尽其所能地奉献”，而普罗大众也怀揣美国梦，坚信“劳动是进入上层社会的唯一通行证”，企业则奉行顾客第一、客户就是上帝的信条，既充分关注和满足顾客的眼前需求、现实需求，为顾客提供最一流的技术和产品，以及最好的服务，又以巨大的热忱挖掘和开发顾客的潜在需求和未来需求。IBM（国际商业机器公司）是其中最具代表性的伟大企业之一，它的研发投入曾经长期占年销售额的 20% 左右（华为这一比例为 15% 左右），从事研发的员工数量曾经长期占据世界第一的交椅（2015 年后华为位居第一），诞生过 3 位诺贝尔奖获得者。华为选择对标学习 IBM，一个很重要的考量应该是，两者在价值观上是相通的，在使命追求上具有一致性。当然，华为今天面临的组织挑战，包括大企业病，也是一种类 IBM 病。

我们这一代中国知识分子，在 20 世纪 80 年代，改革开放初期的前 10 年左右，大都有过或多或少的“美国情结”，许多人包括我都在很长时间内是“崇美派”，这在我 30 年前的一系列文章中表现得很明显。任正非也是个“亲美派”，这在他过去几十年的讲话和 2019 年的媒体对话中表达得很清晰。无论是华为，还是国家，还是我们每个人，要想进步和发展，就要充分开放地向比自己先进的对象学习。即使美国高强度打压华为，任正非和华为在向美国学习的立场上也从未改变，不恐美，也不反美，该抗争的抗争，该学习的学习，两者并不冲突。读美国历史可看出，它的200多年历史就是理想主义加现实主义加拿来主义，这在《美国秩序的根基》一书中阐述得非常系统。华为差不多亦如是。

然而，今天的美国有点变味了，按照组织演化的逻辑，美国是否进入了它的文化与制度的衰变期、更年期？它似乎在渐渐疏离传统新教精神，变得过度贪婪和极端，也变得过分焦躁和非理性，变得自大和自闭，甚至神经质，这对美国和整个世界都不是福音。我一直坚信美国文化与制度中的自我批判与自我纠偏的能力，但看到当今美国政坛诸多政客的言论与做派，我只能说，那个由最一流的思想家、战略家、政治精英们主导了200多年的美国，也进入了找不到“高个子”的时代（刚刚看过电影《林肯》，感慨复感慨）。

美国，恐怕不大容易再找回20世纪80年代前后，东西方数千万知识分子对它的那种近乎盲目的崇敬和向往了。而中国企业向美国学习的脚步却不能停歇，只不过需要对标的是它的青年期和中年期，向那个强大的工业资本主义的美国而不是金融资本主义的美国学习，向那个开放的、包容的、曾经生机勃勃又拥有井然秩序的美国学习。

## （四）

英雄主义是华为最鲜明的文化特质。《理念·制度·人》这本书中的“英雄三部曲”，是我在华为内部给员工做的两次讲座的整理稿和一篇文章，是对华为30多年英雄主义文化的一个系统梳理，也是我自认为华为成功背后的核心要素的文化解析。

所谓英雄，通俗点讲，就是我们人群中那几个、那一批天塌下来顶天的“大个子”，女娲和共工是，愚公是，普罗米修斯是，亚伯拉罕和摩西是，大卫王是。孔子也是一位尚武崇义的大英雄，当然苏格拉底也是，他为了真理而拒绝妥协，饮毒酒而死。人类思想史、科学史、商业史、军事史、政治史包括整个人类文明史，至少一半程度上是由数千年、数万年历史上那些无数的无名和知名的英雄领衔创造的，从尝百草、驯百兽、发明石器的先民英雄到牛顿、爱因斯坦和乔布斯……他们是冒险家，是征服者，是牺牲主义者，是无边黑暗中照亮人类前行道路的那一盏盏灯、一把把火的理想家和殉道者。不可想象，人类社会、国家、企业，包括任何一个伟大的组织，如果没有了英雄，缺失了英雄主义气质，这样的组织还会不会有灵感和灵魂。我曾和华为一些员工和管理者交谈，大家无不认为英雄主义文化是华为的魂魄之所在，“打胜仗的信仰”永远是吸引他们的精神力量之所在。有一位高管甚至这么讲：“老板一直是我心目中的英雄，老英雄，我愿意追随他。假使哪一天老板变了，我也改变不了他，我只能选择离开他，离开华为……”

近些年，学界尤其是管理学界流行一种犬儒主义论调，否定英雄，否定英雄主义，这显然有太多的沙龙和书斋气息，误读了历史，也错解了人性，更忽视了我们人类今天和未来所面临的危机和危险一点不比一百年前、一千年前、一万年前的人类少而轻松。正因为危机永在、危险永在（只不过危机和危险的种类不同罢了），所以人类就永远不能缺失顶天立地的“高个子”，就永远需要呼唤女娲式和普罗米修斯式的英雄，铭记乔布斯式的历史英雄，善待堂吉诃德式的失败的英雄。

美国是一个崇尚英雄的国家，俄罗斯亦然，世界上许多国家皆然。我去过诺曼底的美军公墓，也去过莫斯科的新圣女公墓，走过那一个个的十字架，一座座别具风格的墓碑，你就能强烈触碰到支撑这些伟大国家的基座究竟是什么。是英雄和英雄主义。我们中华民族亦如此。

企业的天然属性是与未知、与不确定性做斗争，所以企业家的天然禀赋之一就是冒险，企业家除了必须是理想家、战略家、奉献者，也必须是群体英雄中那个冲在最前面的英雄。有人说，企业家只要具备宽广的胸襟，不需要在企业中培植和倡导英雄文化，这样的观点不过是空想主义学究的一种乌托邦想象而已。管理学与一切人文学科的不同在于，管理学者只有深扎到企业中去，双腿沾满泥，才能产生真正有生命力的、接地气的管理思想。我相信，当学者们走进谷歌、走进苹果、走进三星和华为，走进企业家传记中的福特公司、休斯公司、博世公司时，弥漫在他们周遭的一定是浓重的、略显粗糙的、强烈的创造热忱与持续冒险的英雄主义气息……

这才是最本真、最可靠、最接近企业常识的写在大地上的“管理真经”。

## （五）

“华为25讲”本来是一本书，有几位朋友看过书稿后，一致建议分开两本同时出版，我认为有道理，便听从了。

《理念·制度·人》，主要是对华为的研究成果的讲座整理稿，侧重于从企业文化与制度的层面解析华为，分为三部分。其中，“华为，企业文化的胜利”共三讲；“理念·制度·人”共五讲，这是我一个长达5年的研究成果的框架，这几年我在多个研讨会上做过不同角度的分享，是我下一本书的浓缩；“英雄三部曲”是关于华为的英雄主义文化的描述性研究。

《我们为什么要做企业家》是我过去3年多在华为内外部的部分讲座整理稿，是关于企业家精神、科学研究和技术发明的使命与动机、创新和人才、领导力等几个方面的一些思考，包括这些年的一些阅读分享，多数文章中也都涉及关于华为的案例。

两本书中的部分文章曾经在网络平台上发表过，产生过一定反响并引起热议，我也在本次结集出版时，吸收了网络读者许多有见地的跟帖观点，进行了修改和完善。

由于是讲座整理稿，免不了在不同文章中出现少数重复的案例和观点，为了保持文稿的完整性，未做删节。另外，一些数据由于讲演年份的关系，也尽量没有依据新数据改动旧数据，比如华为员工人数，2018 年是 18 万人，2019 年增长到了 19 万人，不同讲稿中就会出现不同的人数，这一点请读者知悉，好在这些数据的变动并不影响本书的基本观点。

本书出版之际，我要特别感谢以下华为公司的诸位先生与女士（包括并不限于）：殷志峰、曹轶、叶晓闻、龚宏斌、左飞、陈丹华、惠彩红等人。过去将近 8 年，他们与本人一起在华为进行了大量访谈，形成了至为珍贵而丰富的第一手“华为案例库”，在此基础上，我们陆续出版了多本华为系列故事案例书，在华为内外部尤其是在企业和高校学生中引起了良好反响，有不少大学老师和学生反馈这些书是非常有价值的“青少年励志书”。这项企业文化工程还在继续之中。当然，这些访谈案例也是我研究华为最鲜活、最扎实的素材，没有这样的“黑土地”，是写不出《下一个倒下的会不会是华为（终结版）》这本书的，更无法产生《理念·制度·人》和《我们为什么要做企业家》这样的研究成果。

张俊娟女士为本书的出版做了大量的工作，包括讲座活动安排、研究素材的收集和归类、讲座 PPT（演示文档）文本设计、讲座录音整理、书稿细节订正等，在此向她表达衷心感谢。

新加坡国立大学商学院的乌耀中老师是我的密切研究合作者,《理念·制度·人》吸收了乌老师部分独特的见解，书中10张左右的图表是根据华为公司的公开或非公开资讯，由乌教授设计而成的，它们能够有力支撑我关于“制度质量的评价维度”的观点。还需要说明的是，乌老师扎实的学术功底和框架思维对我的研究有一定影响，谢谢乌老师!

感谢剑桥大学嘉治商学院的克里斯托夫·洛赫（Christoph H. Loch）院长、彼得·威廉森（Peter Williamson）教授、尹一丁老师，我在嘉治商学院连续几次的学术讲演、访问研究，对我的启发很大，以上三位学者给我提供了许多研究和生活上的帮助，我当铭记在心，并愿在剑桥中国管理研究中心方面，竭诚做出更多努力。这两本书也算是我对浙江大学睿华创新管理研究所和剑桥中国管理研究中心的一份贡献吧。

浙江大学睿华创新管理研究所聚合了浙江大学最睿智同时又很接地气的一批管理学者、企业高管，睿华创新管理研究所的“四季论坛”已渐成气候，每次都能产生一批重要成果，对我的启示很多。我特别愿意和这一群平实、不事张扬、理论功底深厚且注重实践观察的学者相处，有一种天然的亲和感。吴晓波教授（兼任睿华创新管理研究所联席所长）是我的良师益友。

剑桥大学嘉治商学院的大卫·德克莱默（David De Cremer）教

授也是我密切的研究伙伴，我们共同发表和出版过一系列研究成果，2017 年 4 月至 5 月的 50 天里，我们在剑桥小镇有过 10 次对话，主题是“剑桥对话：漫论东西方领导力”，由于我们各自忙碌，这本 10 万字的对话尚未整理成书，它应该是 2020 年下半年我们共同的工作之一了。大卫先生现就职于新加坡国立大学商学院。

感谢中信出版社两位长期合作的资深编辑沈家乐和宋冬雪，没有她们的催促和规划，这两本书恐怕还在杂陈状态。

此书献给我的妻子姚宝珍女士，她对我几十年的激励、包容、默默的奉献与支持是我一生奋斗的动力。同时，也将此书献给 4 岁 7 个月的田大福和 100 天的田大力小孙子，他们二位是我最最亲爱的朋友。

2020 年 6 月 1 日于北京

第 1 讲

# 我们为什么要做企业家？

上

## 我们为什么要做生意人

“每个细胞的梦想都是变成两个细胞”（弗朗西斯·雅各布），每个生意人的追求同样是阿米巴式的：一变二，二变四，四变八……直至无穷多和无限大。饥饿感带来的扩张欲是人类一切活动的动力之源，对经营财富的商人阶层更是如此。

饥饿感分为三个层面：一是源自动物本能的物质饥饿，即所谓的“原型力”、元动力。正是这种基于生存、活下来和活得更好、物质上更自由的原始力量，使得人类有史以来就有了商业活动，有了“互通有无”的买与卖的交易，进而诞生了一个广大的职业化的阶层：生意人。当下地球上有 70 多亿人口，保守估计至少有几亿人是职业生意人，从摆摊小贩到巴菲特和马云，巴菲特做的是金融买卖，马云的使命是“让天下没有难做的生意”。

没有贪婪就没有买卖。没有巨大的财富饥渴，就不会有巴菲特的“资本帝国”，同样也不会有拉里·佩奇的“谷歌帝国”。然而，帝国不是一个人或几个人缔造的，而是一群人、数千人乃至数万人的饥饿感所激发出来的创造力的结晶。因此，超级生意人的非凡之处就是深悉“己所欲，人之所欲”这个人性常识，并且乐于和善于顺应人性、满足人性、驾驭人性，大家一起把饼做大，一起分饼。任正非多次讲，“钱分好了，管理的一大半问题就解决了”。

二是社会学动力——权力的饥饿感。权力欲既是人与生俱来的，也是社会化的产物，一般来说，教育程度高的人的权力欲望相对更强烈。大学不仅是获取知识、构建思维架构的殿堂，更是培植年轻人的野心、雄心的所在。因此，我们可以看到的现象是，大多数组织包括企业的领导者、管理者大多都是那些接受了更高教育或者良好教育的知识人。而科技型的企业，一个突出的特点是大多数员工都是知识型劳动者，比如华为的 19 万名员工，90% 以上毕业于国内外一流大学，有 6800 位博士生，上千位科学家和技术专家，他们当然有强烈的财富饥渴，希望通过自己的努力赚更多的钱，这一点毋庸置疑。但与此同时，也别忘了，他们普遍还有掌控一个部门、一片天地甚至更大地盘的志向，“权力有一种美学上的吸引力，它令人着迷”[①]。我们说不爱钱的员工不是好员工，“财散人聚，财聚人散”，这只是说对了企业管理的基础元素，如果企业不能构建宽阔的事业平台，让员工尤其是知识型员工的雄心、野心有安放之地，让他们掌控天下的抱负得到施展，那么恐怕钱给得再多，也很难规模化、长期地吸纳和凝聚一流的

① （美）詹姆斯 · G. 马奇等著，《论领导力》，机械工业出版社，2018。

精英分子们一起打天下。

从数量的角度讲，华为与绝大多数企业相比没有所谓管理人才匮乏问题，在华为从上到下的权力走廊上拥挤着一大批“接班者”、取代者，他们普遍都既有激情又富有才干，同时个性鲜明。这样的结果源自任正非早期独特的用人思想：充分地释放权力与开放权力。这既满足了一大批年轻知识分子的权力诉求，又在权力试错与冒险中为华为锻造出了一支优秀的干部队伍。

饥饿感的第三个层面为荣耀感。商人们赚到了金山银山，这些在生理学的层面对他们已经毫无意义了，为什么他或她还是奋斗不止、“贪婪不息”？很显然，财富的多寡已经超出了财富本身，成为有心理学意义的精神符号，成为身份和地位的价值符号。正像亚当·斯密所说的，“对于大多数富人来说，富有带给他们的主要乐趣就是炫耀财富。如果他们看起来拥有别人求之不得的财富的决定性标志物，这种财富就算达到了极致”。

人作为万物之灵的智慧动物，从一出生就被置于伴其一生的各种各样的比较框架中。比较会激起一个人的进取心、竞争意识，也会导致嫉妒与构陷滋生，带来成就感与挫败感。但正是无处不在的人与人、组织与组织之间的比较，才不断推动着社会的进化、个体的进步、企业的扩张和生意人的雄心勃勃。对有远大志向的企业家来说，比较不仅体现在当下的结果中，更重要的是体现在精神能量的较量上，企业家不仅自身要充满对所从事事业的荣耀感与激情，而且要在整个组织中构造一种

“荣耀感的互相助长”。当一群人、一大群人把财富创造上升到精神层面的追求时，超越他人应该仅仅是时间问题。

## 告别淘金时代，“戴着镣铐跳舞”

我们为什么要做生意人？首先，做生意是谋生的工具；其次，它是权力表达的另一类形态，满足了人的掌控欲望；最后，它也是人生舞台的道具。人人生而为演员，角色大小不同而已。人生就是一部舞台剧，或威武雄壮，或悲凉凄苦，或平淡无奇。大幕拉开，生旦净末丑齐出场，大幕合上，又殊途同归，所谓的事业、所谓的人生都是过程。

20 年前，我和一位企业家讲了上面这些话，对方猛拍我的后背，说：“讲得对！既然如此，倒不如轰轰烈烈大干一场！”

看开、看透、看淡之后不是悲观、不作为，而是放下包袱，卸下心魔，无所畏惧地进行自由创造。这才是真正的企业家精神。

但是，既然是舞台剧，而舞台是有边界的，“剧”是有程式的，那生意人也得有边界意识，有规则和范式。简而言之，要做本分的生意人。

什么是本分的生意人？在商言商。一个人赚了很多钱是不是就代表他无所不知、无所不能，从而要无所不为？当然不是。做科学、搞艺术、从事政治等都是职业，做生意也是一种职业，一个人一辈子可能都难以做到真正的职业化，做一行专一行也不见得有真正的大作为，更何况思维大开花，对什么事都去染指、都去居高临下地下断语？我们的生意场这些年冒出了一批成功的商人，也同时冒出了一些“在野的”、戴着企业家桂冠的多元人，他们既是品酒专家也是艺术鉴赏家，同时也是经济学家、管理学家和时评家，等等。总之他们在各种论坛、各类社交场基本都是那种声音最大或次大的少数人。但这好吗？

不要想着包打天下，不要总是指点江山，做一个合格的纳税人，带动更多的大众就业，足矣！

我强烈推荐大家读一本书，叫作《反社会的人》，看看今天的德国商人们和那些套利型超级生意人是怎么处事、处世的。有一位中国的企业家讥讽道：“我们和人家相反，有些老板刚吃了肉，出门还要在嘴上抹一层猪油，招摇过市。”这讲的显然不仅仅是炫富啊。

做本分的生意人的第二层含义是守法经营。不能不承认，过往的 40 年中国充满了机会，大机会时代也应运而生了无数的机会家和冒险家，有些人倒下了，有些人九死一生地活了下来，他们大都有一部血与泪的创业史。倒下的是历史，活下来的也是历史，都值得后来的生意人和企业家们铭记、反思和警醒，更何况整个国家已经跨过了经济的原始积累期，告别了非理性主导的“淘金时代”，我们正在艰难地走向市场化、法治化的时代。这个时代的生意一定是难做了，首先暴利不再有或罕有，其次政策导向的“运动式发财模式”已经成为过去时，还有“牌照经济”快速退出生意场，更重要的是监管日趋规范和严厉，这个大背景决定了今天的生意人和企业家们必须有更强的使命感、更成熟的资源整合能力、更出色的管理水平和更高的法律敬畏意识。

比如互联网，20 年前是只蚂蚁，现在进化、异化成了老虎，你会突然发现，从欧洲国家、美国到中国，都在以前所未有的警惕性盯着、包抄着这只老虎，欧盟颁布的隐私法案《通用数据保护条例》就是一个布满荆棘的竹笼，对数据的收集、保管、分类和应用有极其严格的法律限制，“数据为王”的互联网逻辑恐怕要面临前所未有的挑战。还有美国对电商假货的打击、中国对网络信息的严格监管等，都在释放一个异常清晰的信号——野蛮生长的互联网文化在快速远去，“戴着镣铐跳舞”将会成为新常态。

这不仅是中国现象，也是世界潮流。

## “教父经济学”：亚洲神话解构

20 世纪 80 年代，改革开放初期，中国的官员、学界和媒体都在称羡所谓的“亚洲四小龙”奇迹，香港、东南亚的经济神话曾经风靡一时。但是，《亚洲教父：香港、东南亚的金钱和权力》这本书却向我们讲述了另一个故事，一个更真实的亚洲经济，一个没有被神化的超级富豪群体的发家史和生意经，一个以套利、食利为核心生态链的地区与国家的经济结构，一个被资本大鳄们垄断的商业世界，一个大大小小的投机客的天堂。我将此称为“教父经济学”。

“教父经济学”的普遍特征是什么呢？

排在首位的是特许经营，即“牌照经济”。牌照在政府手中，更具体点说是在官员手中，这就形成了东南亚多数国家商人和政府官员密不可分且密不透风的复杂的关系网络。什么叫密不可分？企业是官员的“自动提款机”，官员是商人的“护院者”。什么叫密不透风？牌照有限，从 100 多年前的包税制到今天的电信、金融、赌场以至于粮油加工等，多数亚洲富豪依恃特许经营起家，依恃特许经营崛起。

东南亚富豪从事的行业大多是房地产、金融（规模大的东南亚家族企业差不多都有一到两家银行）、粮油加工和蔗糖加工、能源、电信、港口码头、航运、赌博业（赌场的高毛利尤其是充沛的现金流是支撑一些大亨向别的行业扩张的重要的资金池），这些行业无一例外是靠牌照或者高门槛的竞标（比如土地拍卖）圈起来的，只有少数人有资格成为玩家，而且是超级玩家。

与西方企业以及中国内地企业整体上相比，还能发现一个极重要的差别，即东南亚和香港的多数公司很少讲使命、愿景、价值观这些形而上的东西，很少关注企业文化建设，它们似乎更实际和更功利。《亚洲教父：香港、东南亚的金钱和权力》的作者乔 · 史塔威尔认为，这是因为这些企业家更多的是食利型资本家，而不是创新型企业家。

乔 · 史塔威尔尖锐地指出，无论是中国香港、新加坡，还是亚洲其他国家和地区（日本、韩国与中国台湾地区例外，中国大陆不在该书的研究范围之内），都没有世界级的制造业和世界级的品牌，没有世界级的工业家和企业家，而且 100 多年来在企业管理思想方面对世界几无贡献。

乔·史塔威尔根据长期的观察和访谈，总结出了亚洲富豪家族的四代模式：

第一代主要是建立核心资本，包括资本的原始积累和构建政商网络。

第二代巩固和扩大与政治势力的联系，并与地区间和跨地区的巨头结盟或半结盟。

第一代和第二代普遍具有冒险精神（第二代大多接受过良好教育），生命力旺盛，个性顽强，雄心勃勃，是所处时代的枭雄级人物。

第三代大多属于守成型。“钱包鼓鼓，暮气沉沉”，缺乏开拓精神和进取意识，富有理性而激情不足，教育背景偏财务、金融和企业管理，他们的志向主要是守护反映父辈个性和人际关系的各种各样的资产。

第四代往往对事业的专注度不够，先辈们原先创立的集团赖以生存的关系网衰落，加之家族企业固有的缺陷，导致“帝国”式微。

进入 21 世纪的亚洲豪族，接力棒普遍交到了第三代和第四代手上。

## “上帝经济学”：上帝是伟大的心理学家

最近我刚读完尼尔·弗格森的《帝国》一书，这本书讲的是大英帝国 400 年间全球扩张的历史，从中我们可以看到清教伦理在塑造英国那些冒险家、海盗、商人的使命精神以及形成整个国家的价值观方面的巨大作用。左手捧着《圣经》，右手拿着刀剑满世界去掠夺、去开拓，征服者们有一套完整的精神逻辑与行为逻辑。

这样的精神与行为逻辑体系在美国这片大陆发挥得可谓淋漓尽致。我试着将它用一个五段论进行阐述：

第一层，赋予劳动以意义。新教倡导“劳动是人的天职”“上帝就是伟大的工头”。往日的日出而作、日落而息原本只是为了生存，显得苦哈哈的，现在突然变得神圣起来，每时每刻的物质奋斗被涂染上了精神的色泽。

第二层，与懒惰相比，贪婪并不可怕。这是对人性本能巨大的道德认同，从而释放了人的欲望，定义了人对财富追求的正当性，极大地解放了生产力。

第三层，赚钱的目的是构建上帝所期许的“理想国”——北美的耶路撒冷，一个人人富足而快乐的天堂世界，这就为人们的发财梦、持续的创富活动确定了一个近乎伟大的动机源头和完美的动力机制。种烟草去，开矿去，伐木去，造汽车去，登月去……市场、账房是最好的修行之地。美国由此开始了长达 200 多年、从未间断且不断升级的农业革命、工业革命、科技革命、物质主义运动。

第四层，财富的归属。从国家或社会层面，或者叫人间层面，私人财产神圣不可侵犯，但在精神层面或者灵魂层面，个体不过是上帝委派的“职业经理人”，遵上帝旨意拼命赚钱，赚的钱都是上帝的，个体只是替上帝运作财富和保管财富。因此手中掌控的财富只能用于投资、再投资，扩张、再扩张，以使“理想国”更理想，而不能用于个人挥霍。也就是说，个体身处金山银山却必须克制而节俭。马克斯·韦伯对此的形象描述是：对于怀有信念的清教徒商人来说，“财富就像轻飘飘的斗篷，随时可以将它甩掉”。

美国经济的两大巨轮——制造业和金融业，正是奠基于这样的“世俗禁欲主义”的观念之上。

第三层与第四层也同时界定了生意人与企业家的区别。真正的企业家不以赚钱为目的，金钱只是实现理想的工具，正像一篇文章所说的：“库克想让企业获取更高的利润，这无可厚非，毕竟这是他作为职业经理人最本分的事，也是自身收入增长的前提。不过我们不应该忘记乔布斯在1995年接受媒体采访时所给出的警示：‘毁灭苹果的不是增长，而是贪婪。’”

乔布斯是伟大的企业家，库克是职业生意人。

第五层，财富的传承。洛克菲勒的小儿子约翰·洛克菲勒在1962年接受《时代》杂志采访时说：“洛克菲勒家族的财富属于上帝，我们只是管家。”活着，为上帝打工，让上帝委托其保管和打理的财富不断增值，这是一种使命担当；死了，财富不能传承给子女，因为财富是上帝的，不能贪污上帝的钱，同时更不能犯第二重罪：剥夺子女劳动的权利，因为“劳动是人的天职”。子女继承了几亿、几十亿、几百亿、上千亿的“天上飞来的馅饼”，他或她为什么还要去劳动、去奋斗呢？

上帝是一位超伟大的心理学家。上帝深悉饥饿感对人类个体、群体、组织有多么重要，因此创设了这样一个高度闭环的、基于人性之上的“上帝经济学”。

## 自驱力：生命中不可承受之轻

我们在前面讨论了一般生意人（包括非生意人）的三大动机：财富（生理动机）、权力（社会动机）和荣耀感（心理动机），也探讨了新教伦理对西方企业家尤其是美国企业家财富创造动机的普遍影响，但这两者都不能完全解释存在于一些人身上的神秘现象：生命中不可承受之轻。

我们人类中的确有极少数的科学家、艺术家、思想家等，是那种“不创造，毋宁死”的异类，是那种天生带电——带有自驱力的使命主义者，他们既是盗火的普罗米修斯，又能自我燃烧，同时还能点燃他人心中的火焰。他们存在于不同文化、不同信仰、不同社会制度的国家中。

很显然，其中也包括极少数卓越的企业家，他们强大而持久的创造财富的动力并非被某种显性的外在力量所驱使，也不完全是或者完全不是被某种宗教观所牵引，他们只是坚信有一种“光荣而伟大的存在”，一种冥冥中的使命召唤，使得自己始终满怀期待与激情。

“优秀的船长只有在掌舵时才变得亢奋”，而一旦让他们放下每时每刻的承担，离开挑战与压力，离开与危机、风险抗争的角色，他们中的大多数就会在精神层面变得手足无措，甚至在生理层面快速衰老。所谓的“不朽的事业”是这类人生命节律的一部分、大部分，乃至于全部。

然而，我们的周围还有另一类少数人：使命感惯性人群。他们起初的动机源自饥饿感，或者源自某种责任，但久而久之，饥饿感获得的过程和责任承担的过程，让他们形成了生理与心理惯性——尽管奋斗伴随着巨大的压力和焦虑，伴随着诸多的不快乐，但他们却选择了坚持。他们只能选择坚持和负重前行，因为与“生命中不可承受之重”相比，能够摧毁一个事业家的是“生命中不可承受之轻”，是离开喧哗之后的寂寞，是空虚所带来的“后脊背发凉”。

一位女企业家打拼了近 20 年，拥有十多亿身家，管理着上千名员工，每天工作 10 个小时以上，并且乐此不疲。她向我述说了曾经的一段心路历程：有一年的某一天，她突然厌倦了日复一日的早出晚归，厌倦了文件、谈话、开会，厌倦了商业应酬、谈判，厌倦了一切的压力，乃至于厌倦了去办公室，工作、赚钱成了她的“生命中不可承受之重”。于是，她决定给自己解压，报名参加了一个长达半个月的海上豪华游轮旅行。当她关掉手机的那一刻，海风海浪、多年想看没看的经典影片、回荡在船舱每一个角落的轻音乐，以及一个人独处的安宁，让她一下子觉得身心无比轻松：“这才是我要的人生！”她暗下决心，回去后就把公司卖掉，换个活法！但这样的惬意只维持了不到一星期，她开始出现莫名的虚脱，后来变得焦躁，再后来不停地重复一个动作——打开手机（那时候海上没有手机信号）、关上手机，再打开手机、关上手机……终于有一天游轮离海岸近了，手机有信号了，她也几乎是疯了一般开始给公司的甲乙丙丁打电话，给一个又一个客户打电话。

一次彻底放松、放空的长途旅行，让她体会到的是：比压力更大的是生命中没有了压力——"我的命贱，不做事我会疯掉"。

我们为什么要做企业家？不排除是为了追逐更多的财富、满足更大的掌控欲、拥有更炫目的荣耀，但仅此而已不过是个生意人，或者超级生意人。企业家则不然，他们是被使命与理想"绑架"了的少数人，乔布斯、任正非、埃隆·马斯克、马云、董明珠是这一类人，上述那位女企业家是，那些正在车库、简陋的民居、嘈杂的咖啡馆中为梦想而焦灼、而激情燃烧的不知名的小人物也是。未来的乔布斯、任正非也许就在其中。

## 问与答精选

**提问：新教伦理与中国文化的相通点在哪里，二者又有什么不同？对中国企业有什么借鉴意义？**

**答：**新教伦理源自 15 世纪到 17 世纪的英伦半岛，完全成熟于北美大陆尤其是美国。马克斯·韦伯在对欧洲大陆的各个新教流派进行深入研究，尤其是对美国新教流派长时间考察之后，写出了著名的《新教伦理与资本主义精神》，从哲学层面对英国、荷兰，特别是生机蓬勃的美国的商业活动、商人们的冒险、企业家的创造与创新、大众狂热的逐利行为进行解构，最后上升到宗教动机层面，这既是一个了不起的学术成果，又反过来给“美国现象”的物质主义运动赋予了理想主义动机，赋予了正当性与崇高性，从而在理念层面和实践层面达成了闭环。

我在讲课、写文章过程中时常会用到“闭环”这个词。这是为什么？“闭环”就是对称性，就是我们干什么事，包括做企业、做学问、做官、做人，都要能“自圆其说”、自圆其行为，凡不能自圆、不能闭环的理论、观点、行为都不能持久，都可能会带来灾难。马克斯·韦伯是西方资本主义的化妆师，更是一位社会心理建构家，一位了不起的顶层设计大师，他的理论架构高度自洽，理论与现象本身也高度自洽，因此称他为美国走向持续繁荣与强大的“思想发动机”之一，应该也不为过誉。

新教伦理与中国文化有一个重要的相通点是：两者都肯定劳动的意义，“劳动光荣”“劳动神圣”是中华民族悠久的文化传统。与此同时，勤俭——勤劳和节俭，更是渗透进入我们民族的骨髓之中，你看中国的春联，几乎三分之一以上（农村就更普遍）的内容都是关于“勤俭持家”的，这和新教伦理观的“世俗禁欲主义”大致相同。因此，有学者认为，新教哲学和儒家哲学都有利于社会生产力的发展和经济的繁荣。

这里有个重要的差别，就是儒家哲学虽然肯定和赞赏劳动的价值，但对“致富”的动机和结果却未赋予崇高性甚至正当性意义。重儒轻商始终是儒家文化的一条主线，这也是中国历代商人包括今天的民营企业家“理不直”且“气不壮”的根因所在。很显然，这不利于造就中国的企业家阶层和企业家人格，却有利于短期行为和投机客。东南亚国家多的是套利型生意人，却缺乏真正的企业家，这就是明显的例证。

当然，新教伦理并非普遍适用的价值观。大英帝国在长达 400 年左右的殖民运动中，企图在将商业与贸易带向全球的同时，也能传播它的清教观，但大多都未能如愿。它给印度带去的是自由贸易和英语，宗教传播却遭遇普遍的抵制，印度也没有走向美国式的经济繁荣。它在非洲殖民地传教成功了，非洲许多前英殖民国家的基督徒占人口的比例超过了英国，但非洲依然长期贫困。日本、韩国过往 70 年崛起了一批世界级的企业和企业家，中国过往 40 年也诞生了华为、美的、阿里巴巴等一批优秀的企业和任正非、柳传志、张瑞敏等一批有世界影响力的企业家，但总体上他们的成功都和清教精神无关联。即使是欧洲一些发达国家，也很难在欧洲式资本主义与新教伦理之间找到必然的逻辑闭环。

还有一点就是思想设计总是相对完美，但上帝也无奈于人性的复杂与乖张，人的非理性永远会让理性的光芒变得苍白无力。马克斯·韦伯虽然描述和构造了新教伦理与资本主义的精神—制度—行为框架，但他也深刻洞见到了它最终的结局：奋斗带来繁华，繁华带来腐化与懈怠，财富由工具异化成目的，变成了捆绑精神的“铁笼”。

世俗禁欲主义禁不住时间的侵蚀和人性的腐蚀，更多的是思想家的一厢情愿。《清教徒的礼物》这本书对此有很深刻的反思，值得中国的企业家学习和借鉴。

这里要特别强调的是，每个民族都有自己独特的历史与独特的文化哲学，中国更是如此。但我们的文化总体上偏于政治和人际关系，我们的历史主线是农耕文明，在商业与经营管理方面缺乏系统的理论与实践。因此，对今天的中国企业家来说，一个不堪重负的使命是：在做企业的同时，还需要去探索背后的精神逻辑，并以此进行自我激励，同时激励团队。这既是无奈，又是担当，也逼出了一种特别的商业景观：中国的不少企业家都是半个管理思想家、商业哲学家。

# 第2讲

# 我们为什么要做企业家？

下

## 卓越的企业家是能够制造信仰的极少数人

生意人遍天下，但企业家罕有。卓越的企业家是那种能够制造信仰、持续传播信仰并巩固信仰的极少数人。

国家、政党、民族都有自己的信仰，宗教更是，而企业同样有商业信仰。

信仰是由使命、愿景、价值观链接出来的一整套的精神与文化体系。

何谓“使命”？即，一个组织存在的理由。华为刚创立不久，任正非就以《华为人报》社评的方式明确了华为的使命：客户是华为存在的唯一理由。当我深入、系统地对华为30多年的发展史进行复盘时，一个至为深刻的感悟是，华为有今天的世界级成就，其根本就在于对企业使命、对自身存在理由的一以贯之的坚持、几近疯狂和偏执的坚守。在任正非30多年来上千万字的讲话整理稿和华为常务董事会的无数的会议纪要中，反复出现得最多的词汇是“客户”，是类似“为客户创造价值，实现客户梦想”这样的话语的各种翻版。

企业的使命就是组织的旗帜，领袖就是旗手，领导者集团就是升旗和护旗队，他们最重要的职责之一就是日复一日、年复一年的升旗和护旗，“响鼓仍须重锤敲”，让整个组织始终处于使命的召唤之下。

与此同时，甚至更重要的是：使命必须落地，必须转化成个体与组织的一连串行为。简而言之就是，无论是市场、研发、制造还是平台支撑系统，组织的全部体系、所有环节、每一个细胞都必须客户化，组织的所有成本都必须直接或者间接地服务于客户需求。

华为深圳总部有 4 万人左右，但司机班仅有一百多人，公司所有的高管包括任正非都没有专职司机，上下班大都是自己开车。有些到华为参观的民企老板对此不解：华为在乎这点钱吗？我的解释是，这体现的是一种文化，企业的成本支出要最大程度地面向客户。这也是一种导向，企业中的服务支持部门是服务于客户还是各级主管？同时这样的做法也避免了中国社会的“司机政治”，许多企业老板的专职司机被员工私底下称为“二掌柜”。当然，华为这种做法并不新鲜，西方绝大多数企业也很少有为高管们配备专职司机的现象。

何谓“愿景”？愿景是一个组织关于未来发展的期许，也即组织的阶段性理想。华为前 30 年的愿景是丰富人们的沟通和生活。这也就定位了华为要在人与人的信息联结方面持续发力。但是你会发现，这个时期即设定华为愿景的 1997 年，华为关于未来的灯塔和方向的组织性的设计还是不够宏大和霸气，字句间透着行业跟随者的味道，而不像它的创始人那样牛气冲天：20 年后全球通信行业三分天下，华为有其一！这句话喊出于1992年，当时华为成立不到5年，这句“打肿脸充胖子”的豪言壮语并没有被华为文本化，但却激励了一代又一代的华为人。有一位华为资深前高管说：“事实上我们没多少人记得住纸上的华为愿景，但我们都记住了老板吹的牛：20年后……”

20年后的2016年，华为已成为全球通信行业的领导者之一，华为为它的十几万名员工设定了新的愿景：把数字世界带给每个人、每个家庭、每个组织，构建万物互联的智能世界。

位势变了，新愿景的每个字都充满霸气！

卓越企业家的人格结构都多多少少嵌入了堂吉诃德的精神元素——堂吉诃德创造了一个世界，乔布斯创造了一个世界，埃隆·马斯克创造了一个世界，任正非和马云也各自创造了一个世界，只不过堂吉诃德永远生活在幻想世界中，而一流的企业家既要正视现实还要善于做梦，要能够用梦想去感染追随者、牵引追随者，并进而用一群人的行动去创造一个新现实，打造一个新世界。但无论是小说中的堂吉诃德还是现实中的乔布斯、拉里·佩奇、任正非，他和他们的追随者首先得选择相信“我们在做一件伟大的事”，这件事值得一群人付出青春甚至生命。

这就是所谓的“信仰”，它具有不可论证性，你得肯定甚至仪式化地宣誓“它是存在的，可实现的”，你只能在yes（是）或no（否）之间做唯一选择。选择了yes，大家一起激情四射奔未来。选择了

no，信仰不同而不相为谋，相遇不相行。

任正非和马云都说自己是阿甘不是没有道理的。阿甘是一个简单的人，一个偏执的小人物，一个怀有坚定信仰的英雄、体育明星和成功的企业家。

## 企业家：用理念、价值观和分配制度将饥饿的个体组织起来的少数人

几年前，年轻的科技富翁扎克伯格在他的女儿出生时，与妻子承诺将 99% 的个人财产捐给慈善基金，中国某些学者和某些心理阴暗的人将其解读为“为了避税”，但在 10 多年前，美国有人建议取消遗产税，结果反对得最厉害的不是大众，而是巴菲特、比尔·盖茨等一批世界级的、美国级的超级富豪。为什么？开句玩笑：他们怕下地狱啊——贪污了上帝的财产，剥夺了子女劳动的权利。

这是信仰带来的自觉选择，是植根于新教伦理之上的被广泛悦纳的财富观和商业文化。

企业文化中隐藏着企业的信仰密码。好的商业信仰有四大特性：正当性、崇高性、进取性与对称性。追求财富的增长是合乎人性的，是应该被鼓励的，这即是正当性；拼命赚钱不是目的，赚钱是为了实现顾客理想，这即是崇高性；正因为有着崇高的使命承担，所以要敢于和善于面向未来去冒险，去投入，这即是进取性；最后一点是对称

性，它的深刻内涵是风险共担与利益共享，代表着企业经营与管理活动的基础理念和制度安排，即企业的核心价值观。

华为的企业文化打上了深刻的任正非烙印：理想主义、激进而宏大的愿景驱动，以及一套充分闭环的价值创造、价值评价和价值分配的风险共担与利益共享体系。

华为在企业的理念创新与制度创新方面对人类是有独特贡献的。100 多年来的传统经济学和管理学的一贯主张是：资本利益最大化，股东利益最大化，因为股东们以真金白银承担了巨大的风险。但任正非和华为的领导群体则认为，企业的劳动者同样承担了风险，甚至承担了更大的风险，这就是劳动者无形的脑力与体力乘以时间的付出。而从贡献的角度看，股东投入了资本要素，的确很重要很关键。但资本是死的，让资本持续滚动和增值的是企业家和企业的全体劳动者，劳动者尤其是知识型劳动者才是企业长期发展的根本动力。

这中间最核心的命题是：怎么看待人的大脑？怎么给人的大脑定价？华为从实践中探索出的结论是：给人的大脑定高价。因为华为认为，这样的分配制度才真正体现了企业中利益与风险的对称性。

华为的股权结构也同样体现着利益与风险的对称性。100% 的股份为 9 万多名华为员工所拥有，创始人任正非只拥有 1.14% 的股份。任正非在把利益分享出去的同时，也把责任和风险分散给了 9 万多人，从而使得这 9 万多人只能在一条船上结成命运共同体，一起拼力划桨，不然船沉了众人一起完蛋。与此同时，也倒逼出了股东群体的一致奉献：让劳动者先于和优于股东进行价值分配，股东要节制自己的短期追求和过度贪婪。这并非股东们的道德自觉，背后同样是一种对价机制：第一，股东的长期收益得到了相对保障；第二，股东们大多是“劳动人 + 资本人”的双栖角色，纯粹的食利者也都曾经是企业的劳动者。

华为的理念创新和制度创新绝非某种乌托邦式的空想，而是对变化了的时代的适应、探索与管理试验。

传统经济学与管理学的理论基点来自100年前的两大背景：一是资本短缺化，二是经济活动的主体是非知识型劳动者，即蓝领阶层。从风险对称性的角度来看，主张股东利益最大化在这样的时空背景下无疑是正确的。但20世纪80年代以来，全球尤其是发达国家的资本市场高度发展，企业获取资本的方式、渠道越来越多样化，资本由短缺转为相对过剩，价格也变得相对低廉。同时，资本的收益机制和避险机制也越来越趋于完善。而过往40年的另一重大变化是，信息技术尤其是互联网的迅速普及，知识透明化与知识共享带来了企业劳动力结构的重大改变，接受过良好教育的知识型劳动者迅速成为经济活动的主体力量，手脚的价值正在让位于人的大脑，人的大脑的创造性已在许多领域远远超出资本的价值，这是一个根本性的时代变迁。

如何让知识型劳动者的贡献与所得相匹配、智力投入与风险相对称，全球尤其是美国的一大批科技型公司，比如微软、谷歌、苹果等，都在进行新的制度探索，华为的制度试验不过是另一类型罢了。

遗憾的是，经济学与商学院的研究却远远落后于企业实践。

## 恐惧就在眼前，无须制造

宗教有两大心理学基座：关于天堂的愿景与关于末日的恐惧。这两者共同构成了信仰的力量。上帝制造了愿景，也制造了恐惧，同时也就制造了信仰。愿景是灯塔，是阳光，信众被太阳的光芒牵引，猛力地朝前奔跑，其实也是为了逃离恐惧的阴影。

愿景是动力，恐惧是压力。对成功的个人与组织来说，动力与压力缺一不可。

伟大的商业组织都有点类宗教、类军队的意味，它们都需要设计愿景，都不讳言恐惧，也都有强大的奖惩系统。但军队和商业组织与宗教的不同点在于，军队和商业组织不需要制造恐惧，因为恐惧就在眼前，死亡是真实的存在，每时每刻都有可能发生。有些研究领导力的专家将“制造恐惧”作为优秀领导者的一大特征，这显然是象牙塔里的“咖啡式想象”——秀才们没上过战场，没到过市场，以为泼天的风浪都是领导者们的恐吓术，岂不知真实的疆场有多么残酷！

杰出的军事领袖和一流的企业家不但不会被恐惧淹没，相反都是利用危机、利用恐惧的高手。英特尔（Intel）的“三驾马车”之一——安迪·格鲁夫的一生充满了恐惧，历经纳粹阴影、右耳失聪、难民逃亡以及英特尔公司无数次的灭顶之灾，但他把这种恐惧转化成了一种管理手段，影响了一代硅谷人。

硅谷大大小小的咖啡馆里，到处分泌着征服世界、征服外星的荷尔蒙，到处燃烧着超越的激情，但是也四处弥漫着焦虑的气息。科技的加速度发展使得新技术不断诞生，让新公司不断崛起，让小人物一夜暴富、一夕成名，也让还没坐稳王座的王者之冠落地……每一家企业都离死亡很近，就连微软这样的巨无霸都“永远离破产只有18个月”——这是微软创始人比尔·盖茨在21世纪初的醒世危言。

华为离死亡有多近、有多远？看看任正非20年前、30年前无比向往的贝尔实验室（曾经的美国国家科技明珠）、摩托罗拉（无线通信的发明者）是怎么衰落的，爱立信、诺基亚怎么被华为超越的，华为的老师IBM今天的困境是怎么形成的，你就知道华为离死亡并不远。多年前，任正非在北京研究所对一位来访的高层领导说：“3个月不努力，华为就会垮掉！”

任正非与安迪·格鲁夫有很多相近之处。家庭磨难、少年创伤记忆、青年时期的政治歧视、创业过程中纷至沓来的内外打击，多少次都有可能破产倒闭的经历，使他每时每刻都有切肤的恐惧感。在华为创立的前10年左右，任正非不止一次产生过动摇，要把华为卖掉，不过他不想给华为戴上“红帽子”——成为一家国有控股或参股企业，他渴望华为戴一顶“牛仔帽”——让华为成为一家外资控股或参股企业，利用西方先进的技术与管理，以及一群中国科技知识分子的智慧与勤奋，将华为带向世界级的地位。

任正非曾经向上海贝尔公司伸出过“橄榄枝”，但被拒绝了，后来差一点将华为以近 100 亿美元的价格卖给摩托罗拉，但在最后一刻该交易被否决了。走投无路之际，华为只能硬着头皮、从此心无旁骛，一条道走下去，但代价就是永远与危机相伴、与恐惧相伴。

一个个性无比阳光甚至有点强悍的男人，居然能患上重度抑郁症，居然在创业的前 20 年左右动不动就流泪，可知他压力有多大！

与安迪·格鲁夫不同的是，自创立华为以来，任正非将外部的无数个压力事件都尽量和公司的极少数人扛了下来，不让恐惧传导到管理团队和员工，用轮值董事长徐直军的说法就是“老板都自己扛了，我们一门心思做事，危机过去了，我们最后才知道”，更重要的是，“老板是天生的乐观主义”，形势不好时，他总在讲“前途一片光明”“潇洒走一回”，形势好时，他又总是喊“狼来了”“冬天到了”。

任正非是那种善于不断地将理想与现实、愿景与恐惧进行场景转换和对冲的领导者。

与安迪·格鲁夫相同的是，任正非同样娴熟于将危机、恐惧转化为企业的战斗力和凝聚力。2013 年之后的华为，进入了历史上从未有过的相对舒适区，但 20 多年的运转，让它不可避免地产生了管控过度和懈怠现象，这几年组织变革的决心、力度、声势不可谓不大，自我批判的火力和频度不可谓不高，“但总有拳击手打在棉花上的感觉，效果不明显”——一位参与变革顶层设计的高管对此很焦虑。

两年前，我在一个场合讲道：“今天的华为可能需要一场危机……”

2018 年 12 月初，危机来了，不过有点过于猛烈，比想象中严峻得多：一个超级大国对一家私人合伙制公司的全面围剿。

## 潇洒走一回，让过程更精彩

企业家是人类社会最稀缺的资源之一，他们普遍拥有三大禀赋：“无中生有”的冒险精神，神经粗糙、意志强悍，奉献精神。

世界充满了风险，市场充满了风险，未来充满了风险，对抗风险的唯一法宝就是冒险。太平洋底有 300 多万艘沉船，其中绝大部分都是满载着金银财宝的商船。所谓“三分战略、两分运气、五分冒险”，讲的就是生意人和企业家。

我在几年前读《乔布斯传》时，桌面上同时摆放着刚读完的《巴菲特传》，我崇拜乔布斯，敬重巴菲特。乔布斯是从“无”中创造了“有”的伟大企业家，是那种百年才可能出现的天才，他创造了顾客，并进而从根本上改变了人类的沟通方式、生活方式，乃至于思维方式。巴菲特是位卓越的价值发现者，是一位“钱生钱”的套利型超级金融资本家。他们都是冒险家，但对人类的价值贡献却截然不同。

冒险与风险是成正比例的，这是一个悖论：为了抗击风险去冒险，冒险又带来新的风险，因此这就将企业家，尤其是卓越的企业家始终置于一种冒险与风险的轮回之中，决定了他们必须天生神经粗糙，并且在不断的命运打击中意志变得更加强悍。“没有伤痕累累，哪有皮糙肉厚，自古英雄多磨难”，这是华为最新版的形象广告词。

2018 年的 12 月事件“使任正非流干了泪”，但却无法摧毁他的斗志，相反让他更加坚强和意气风发，两次冒着巨大风险奔赴阿根廷和俄罗斯，主持变革研讨和部署基础研究战略，心有惊雷，面不改色。与此同时，整个华为进入了“战时状态”，两个月不到，市场和研发两大体系的变革以异乎寻常的规模和速度展开，组织从上到下充满了激情，“外部突如其来的一击，让阻碍华为奋力奔跑的因素一下子全部转换成了正能量”，“堡垒容易从内部攻破，堡垒是被外部加强的”，一位华为的著名高管如此感叹。

恐惧带来压力，压力转换成了巨大的动力，安迪·格鲁夫娴熟于此道，任正非更是。

2019 年 1 月和 2 月这两个月，华为的业绩同比增长了 35.8%（注：2019 年全年增长 19.1%）。

奉献精神是领导者立身之本。不可想象，懦夫能够指挥千军万马，一只羊能够率领一群狮子，利己者能够有一大群的追随者。领导者首先得是英雄，得有牺牲精神，其次才是领袖。华为这个 19 万人的商业组织 30 多年来始终洋溢着英雄气，这和它的创始人、它的高层领导群体的成长史及以身作则有很大关系：他们都是从底层、从一线打出来的，在身居高位后他们依然眼睛盯着前线，并且经常冲锋在前，尤其是在面临重大危机的关头。任正非就是一位几乎跑遍了世界每一个角落的老英雄，包括战火纷飞的地方。

领导者不仅要为组织构建使命和愿景，洞察危机和转化恐惧，还有至为重要的一点是：永远在现场，永远与团队在一起，奉献利益的同时奉献爱的力量。这中间最根本的是领导者的格局与胸怀。

真正的企业家是为信念而活着、而奋斗、而进取不息的精神物种，就像虔诚的教徒，他们的饥饿感更多的是在使命层面，是在过程的体验中，而非财富的堆积。财富对他们而言是工具，是实现使命的手段而已。

推荐大家读加尔法德的《极简宇宙史》，我读了 5 遍，和作者本人也有多次交流，每一次阅读和每一次交流都令人震撼。它让人从宇宙的层面看地球，看世界，看人生，让人心胸变得无比宽阔，同时毫无悲观。

比如银河系这样的星系在浩瀚宇宙之中有 2000 亿个，太阳这样的恒星在银河系中有 3 千亿颗。打个比方，如果在体积为一立方米的箱子中装满沙粒，每一粒沙子代表一颗恒星，那么装下所有恒星则足足要 300 个纸箱！我们把太阳这粒沙子染上颜色，然后把纸箱的沙子铺满整个篮球场，再去找太阳，太阳在哪里？而地球又在哪里？地球不过是绕着太阳这粒彩色的沙子运转和自转的一粒尘埃罢了！

那么，人类呢？人类的一切辉煌与荣耀、爱恨情仇与富贵荣华，一切的一切，又算得了什么呢？

守财奴永远是“奴”，无数的生意人一生为金钱所役，无数的企业领导人一生为权力所役，无数的企业家一生为财、为权、为名所役所累，他们都该仰起头来，看看星空，读读《极简宇宙史》，基于宇宙观的背景构建人生价值观。这样他们也许会活得更无私些，更开阔些，更进取些，更潇洒些，当然也会更自由些。

20 年前，北京大学校长访问华为，任正非提出退休后希望去北大学习理论物理学，研究宇宙的起源。任正非是一位天文爱好者，也是位不信鬼神的唯物主义者，他是从生命本源的视角想明白了人生的意义。

据说西方有许多知名企业家喜好天文学。中国也不例外，马化腾小时候的梦想就是做一名天文学家。

## 问与答精选

### 为什么任正非说自己就是阿甘？企业家应该向阿甘学什么？

《阿甘正传》是我给大家推荐的管理视频教材，昨晚我们一起看了，过去 10 年我看了估计不下 10 遍，相信大家都有深刻的感悟。我希望你们反复看，一家人共同看，高管团队共同看，让公司各部门的员工共同看，月度例会、季度例会必看，看完了集体讨论，写心得体会。坚持看几年，每个人看若干遍，组织氛围也许不知不觉就变了，从上到下也许会冒出许多阿甘——阿甘式的领导，阿甘式的主管，阿甘式的员工。

10 多年前，任正非第一次看完《阿甘正传》后说："我就是阿甘！"几年前，马云也说："我就是阿甘！"

阿甘可是个弱智者啊，智商只有 75。

但阿甘却成就了世界上只有 1% 的人才能追求到的成就：越战英雄，乒乓外交使者，成功的企业家，亿万富豪……

安迪·格鲁夫说："只有偏执狂才能成功。"阿甘就是个偏执狂，任正非也是。

《阿甘正传》是关于小人物创造大历史的故事，代表着 18 世纪至 20 世纪 70 年代的"美国梦"：不论出身，不问背景，奋斗是通往成功的唯一阶梯。而始终贯穿阿甘的奋斗史、贯穿整部影片的是信仰、友谊和爱情。正是伴随一生的信仰的力量、友谊的力量和爱情的力量，让阿甘能够在被歧视与被侮辱的少年期、在枪林弹雨中、在一次又一次的挫败和打击面前，选择了坚持，选择了偏执，选择了一往无前。但无论是信仰、友谊还是爱情，都与一个人的个性有绝大关系。

阿甘的个性特征极其突出，那就是：简单。简单就会选择相信，而不是怀疑。信仰必须是无杂念的，友谊必须是无杂质的，爱情必须是单纯的，这三种力量可以化腐朽为神奇，可以让一个弱智者创造奇迹，但它们最大的敌人则是"复杂"：复杂的心理动机，复杂的思维方式，复杂的情绪，对一个组织来说，还应该加上——复杂的人际关系和复杂的评价系统。

屡次出海捕虾，屡次一无所获，前长官丹中尉在失望复失望中怀疑上帝的存在，阿甘却毫不动摇，坚持每天出海，结果一场台风来袭，整个海湾的捕虾船都损毁了，唯有阿甘的船只无恙。台风过后，他们迎来了收获期，从此一路生意兴隆，规模不断扩大。这虽然有点经院式的牵强，却正是导演想传递给大众的观念：信则坚持，信则灵。

珍妮是阿甘终其一生的爱，从幼时被亲生父亲性侵到酒吧歌者，到反男权者，到吸毒者，到性滥交者，到无名病毒患者……阿甘无论身处何地都始终不渝地爱着她，无论身居何种地位（体育明星、总统两次接见的光环、富翁、国家名人）都痴心地爱着她，如果没有一种至极的纯粹，是很难想象的。但正是这种单纯、有时有些单相思的爱，给予了阿甘一生的自信与力量，伴随他走过了少年的孤独、体育竞技场的拼搏、战场的无畏、跑遍美国大地的“一根筋”……

巴布，一个同样偏执的越战士兵，头脑中的每一个细胞都是捕虾、捕虾、捕虾，但上帝没有成全他的捕虾梦，这个梦却由他最好的朋友阿甘承担了起来。阿甘承担的不仅是巴布的梦想，更重要的是对友谊的信诺——一诺千金重啊！从军队退役后，阿甘的第一个念头和第一个行动就是奔向巴布的家乡，成立捕虾公司，与长眠地下的巴布股权对半，公司有利润了，马上将分红的支票送到巴布妈妈的手上。

丹中尉，阿甘的前上司，一个被国家遗弃的英雄，一个颓废的、愤世的、怀疑上帝的残疾人，最后却成了阿甘的生意合伙人，并最终接管捕虾公司，成为大亨级成功人士。友谊的力量再次闪现纯粹的光芒。

怎么面对信仰，怎么看待爱情，怎么对待友谊，阿甘给出了最完美的答案。同样，怎么看待财富、地位与名声，阿甘也给出了最符合清教徒精神的回答：亿万家财于他如“轻飘飘的斗篷”，说撒手就撒手，说捐就捐了；蒸蒸日上的公司的创始人兼总裁，说离开就离开了，把公司交给职业经理人、好朋友、前长官去打理，自己却成了一位快乐的园艺师；总统会见、杂志封面人物、一大堆奖章，于他来说如一缕青烟，丝毫不影响他照样每天坐巴士，照样几十年如一日爱他心中的女神，照样过平凡的每一天……

只管耕耘，不问收获。跑啊跑啊跑啊，阿甘跑遍美国的画面是极具象征意义的，是全片的高潮——没有任何的杂念，没有任何的功利，奔跑就是目的，不停地朝前跑就是目的，过程的充实与精彩就是目的。而事实上，结果自不待言。

# 第3讲

# 企业家精神与商业革命

## 一个观念与一个阶层的崛起

哈耶克在其著作《通往奴役之路》中有一句名言：观念的转变和人类意志的力量，塑造了今天的世界。

1978 年，中国开始改革开放，中共十一届三中全会提出了一个划时代的观念：以经济建设为中心。

自此发端，依赖十多亿国民的意志力量和国家力量，过往 40 多年，中国形成了人类商业史上最波澜壮阔的一波经济大潮，而大潮漩涡的中流砥柱则是企业家阶层。

观念与时代共舞，共同培育了中国有史以来从规模到结构、从风范到勇气都罕有的企业家群体，而遍布于中国大地的成千上万的企业家和商人，在为共和国创造财富、奠基实力的同时，也沉淀出了色彩纷呈、品相多样的精神质地。下面我从三个时间断面和三个层面对 40 多年来中国企业家精神做一个粗略的描述。

实业英雄群体（1978—）：代表人物包括鲁冠球、张瑞敏、柳传志、任正非等，他们背后站立的是一大群知名的或无名的制造业实业界的企业家。

这里要特别提到鲁冠球——中国制造业的一位丰碑式的英雄，他在 1969 年那个动荡的年代集资创办了万向集团的前身——一家拖拉机厂。50 年后，万向集团在汽车零部件制造领域位居世界第一。

这是一代老派风格的企业家，也是在强烈的饥饿感驱使下的冒险家。他们最先捕捉到时代缝隙中的一道闪电，然后就聚集全部的热情与身家性命赌上去，在体制的渐次裂变中迂回前进，风大了躲起来，风过了爬起来，有太多的人倒在山脚下或半山腰，能够活 40 年、30 年的企业和这些企业的领导者无不充满沧桑与传奇。苦难的土壤上，开出了灿烂的花朵。

强烈的使命感。他们的起点是卑微的，但不少人却怀有宏大的国家抱负乃至于人类使命意识，似乎要发挥尽这片古老而辽阔土地上的一切潜力，才对得起时代赋予的机遇。有人问我，为什么 20 世纪八九十年代的企业家们普遍拥有狂热的理想主义色彩？我给出的答案是，这也许和他们青少年时期所共同接受的传统理想教育有很大关系。

强大的自信心。他们中的不少人是那种“蚂蚁雄心”式的异类小人物，相信这个世界上没有不可战胜的对手。柳传志 30 多年前的野心是超越 IBM，任正非在“四大皆空”（无资本、无技术、无人才、无背景）的起步期喊出的梦想是“20 年后，三分天下有其一”。

源自本能的不安全感。他们是旧堡垒的穿越者，同时也深知“第一个吃螃蟹”的代价与风险。他们中的一些人给自己设定的命运轨迹是：永远向前、向前，只有不断朝前拱跑，才能摆脱不安全感带来的阴影，以达成“在不朽的事业中寻求庇护”。

这是改革开放以来的第一代传统型的中国企业家，他们大多从制造业起步。

“92 派”企业家群体（1992—）：1978 年是一个历史性年份，1992 年同样具有标志性。如果说 1978 年的十一届三中全会是一次伟大的思想和体制破冰，1992 年的邓小平南方谈话带来的则是改革开放从理论到实践的全面启动，“大众从商，万众下海”成为当时中国社会一道浓重的风景线，而这中间的一批人则被称为“92 派”企业家。

具有代表性的“92 派”企业家大多是前官员或前学者，有着良好的教育背景和行政能力的历练，洞悉历史潮动，同时充满变革的热忱与勇气。更重要的是内心深处的躁动、不安分使他们决心“换一种活法”——于是他们“下海”了，摇身一变成为创业者、商人、套利者、企业家。

“92 派”企业家最重要的贡献是把现代企业治理的一整套理念与制度体系带给了中国企业界。如果说之前的中国企业还停留在“情与义”“忠诚与背叛”的江湖阶段的话，那么“92 派”从创立之初就普遍重视产权清晰、股份制、契约精神等现代理念，并刻意在自身企业中进行制度探索与实践。

他们是传统与现代的分水岭，是充满理性精神和征服精神的一代大亨，他们中的代表性人物许多是地产商、金融家或资源类型的企业家——不是他们选择了做什么，而是历史在恰当的时期给他们呈现出了恰当的机遇，因此，他们成了地产商、金融家……同时，中国富豪榜的第一批明星也大多诞生于1992年之后创业的企业家群体中。

“92派”大多很在乎自己在牌桌上的位置，但与互联网人物不同的是，他们常常以理性掩盖内心深刻的激情。他们中的一些人既渴望爬上虎背，又忧惧骑虎难下。他们深知自己生活在一个并非无所不能的时代和并非无所不能的社会，当然他们更深知自己并非无所不能的英雄，所以他们普遍低调而克制，并时而表现出某种不动声色的傲慢与优越。

“92派”是中国有商业史以来最具现代性的企业家群体，也是一个色彩混搭、不易评价的群体。

互联网企业家（1998—）：与美国的谷歌、亚马逊、雅虎几乎同步，中国于20世纪末诞生了腾讯、阿里巴巴和百度等一大批互联网企业与互联网人物，并且以20年左右的时间创造出了世界级的奇迹。他们是英雄，也是枭雄。

他们是真正的商业革命者。无论从理念层面、体制层面还是商业模式层面，他们对中国传统的经济与文化形态都有着巨大的颠覆性，乃至于巨大的破坏性。很长一段时期，他们简直是在真空地带前进，自信满满且雄心勃勃，为争取机会而猛烈碰撞，“你不改革我就革命”——用互联网荡涤一切所谓传统制造业、传统金融业、传统生意、传统生活方式…… “天降大任于斯群”，他们崇尚互联网万能主义。

互联网企业家们的优点也是他们的缺点。他们是过往 20 多年的一个大幻觉的鼓吹者，也是狂热的践行者。他们自信能在过去不存在规则的地方创造规则，或者推倒旧规则重建新概念、新理论和新公式，包括发明新词汇，诸如互联网精神、互联网思维、互联网文化、互联网……他们在很长时间内并不知道自己走得太远了，让时代失去平衡的同时他们自己也失去了平衡。

他们的雄心或野心是被硅谷和华尔街撑大的，但在技术创新与市值导向的天平上，有太多的企业向后者大幅倾斜，甚至一切奔着上市去，奔着独角兽去，奔着市值去——离“华尔街”近了，离“硅谷”却远了。

互联网企业的另一个重要特征是数据、数据、数据，数据为王，还有一个特征是“互联网达尔文主义”。他们中的一些人信奉的是文明的弱肉强食法则，在一切能侵入的行业、领域跑马圈地，并类同于阿米巴虫的繁殖，一变二、二变四……进而实现大者恒大，强者恒强的所谓的“生态圈”。

互联网已经深刻改变了人们的思维方式、交际方式、工作方式、消费方式和生活方式，中国的互联网企业家厥功至伟。然而，遗憾的是，中国的互联网企业与美国的互联网企业有一个很大的差异：创新。我们的创新大多是跟随式的，大多是“柜台式创新”，大多是在交易环节、流通环节、营销环节的创新。而谷歌、亚马逊、脸书则完全不同，在基础研究、原创技术方面它们远远走在了世界领先的道路上。

## 企业家精神之我见：做本分的生意人

真正伟大的企业家身上无不呈现着深刻的悖论。

他们是理想主义者，是梦想家，是从过去到现在、再到未来的信使，比如乔布斯、埃隆·马斯克，比如任正非。但与此同时，他们又是超级实用主义者。赚取更多的财富，是每一个企业家命定的职业属性，这也从根源上决定了企业和企业家的生存法则：数字的增减与好坏的背后是你明天还能不能活下去。因此，任正非说，活下去是华为的最低纲领，也是最高纲领。但伟大的企业家与平庸的企业家的不同则在于：赚钱的目的是什么。前者是为了一种理想，一种使命，财富则是撬动梦想的工具，后者发财就是为了发财。

积极的风险承担者。他们天然地对风险怀有兴趣，某种意义上正是对风险的拥抱与抵抗，才让他们真正展现出勇气、洞察力、意志力以及对团队的感召力。但他们也是极端的趋利避害者——谨慎乃至于保守与对风险的偏好集于一身。

偏执的守拙者。不讨巧，不取巧，一条道走到黑、走到光明处，也许就引领了世界。华为 30 多年间坚守主航道，拒绝多元化，拒绝机会主义，30多年后成为全球通信行业的颠覆者、领先者，而世界500强中的多数西方公司也大抵如是。

柔软的同理心与最坚硬的孤独者。伟大的企业家，甚至包括一个合格的企业家或管理者，必须拥有一种特质：同理心。已所欲，人之所欲。自己谋求财富与权力的扩张，追求聚光灯下的荣耀与辉煌，你的同僚、部属、员工又何尝不是这样？因此，财富不可独享，权力不可垄断，成就感应当共享，唯如此，才能有上下同欲、同心、同力之上的众志成城。当然，同理心不仅体现在企业内部，还包括对客户的同理心，对社区和大众的“共感”。

与此同时，卓越的领导者又无不是孤独者，坚硬的孤独者。

以上是关于企业家精神的通识。但对于今天的中国社会来说，在这些通识之外，我们似乎更需要一种源自西方工业革命以来的古典企业家精神：做一个本分的生意人。具有这种精神的企业家一般有以下几点特质：

一是发现发明的能力。优秀的企业家对任何社会来说都是最稀缺的品种。他们是资源的整合者，是“无中生有”的冒险家，敏于和善于从实验室的科学发明中捕捉改变人类命运的技术潜质。我们必须承认，美国那些曾经伟大的企业比如摩托罗拉，依然伟大的企业比如IBM和微软，新崛起的伟大企业比如谷歌和亚马逊，它们无不有过这样的辉煌：把一个科学原理、一个实验室的公式转换为一种技术创新，进而把颠覆性的技术创新转化为颠覆性的产品创新，然后让大众受益。

美国的超级霸主地位正是奠基于几百个这样伟大的企业之上。

在这些伟大企业的背后一定有一位或一群先知般的企业领袖，他们也许于科技一知半解，但他们对科学发明和技术的直觉力，尤其是冒险的魄力、资源的组织力却是常人无法企及的。

二是推行大众化的本能。把发明转换成技术，把技术转换为产品，再把产品推向消费者，我们大多数成功的企业都拥有第三类本能和能力，这当然是对的，但遗憾的是，我们相当多的企业通过自我积累和资本化拥有了巨大的资本存量，但它们却不愿意向上游的基础研究、原创技术进行投入，甚至许多企业的研发经费（包括应用技术的研发）远低于营销费用。

今天的中国经济与中国社会到处弥漫着过度营销，包括企业家自身的过度营销——他们的名声就是他们的财富、权力、影响力的来源，但同时也是他们随时可能失去这一切的渊薮。这无疑有点讽刺乃至于悲剧的意味。

三是颠覆者与盗火者的双面一体。处于追随者地位时，他们是掀桌子的英雄，是技术、产品、商业模式的破坏性创新者；而当站在领先者、领导者地位时，他们依然有一种舍我其谁的普罗米修斯气质：为人类做盗火者、探险家、引路者。

四是观念的纯粹性与职业的纯粹性。企业家并非无所不知，无所不能。不能以为创立了一家了不起的、准了不起的企业就代表着一个企业家无师百通，有能力对大千世界诸般事物、诸种事件指点江山、挥斥方遒，更何况在今天这个技术日新月异变化、社会剧烈震荡的时代，企业家即使全身心专注于自身行业与自身企业，也不见得能够应对眼下的挑战与未来的冲击。

## 企业家精神之暗疮种种

我们应该崇尚和张扬古典的、传统的企业家精神，竭力做纯粹的生意人，与此同时，也必须对以下企业家精神的暗疮保持警觉与警戒：

**之一：雄心壮志与贪得无厌**

一流的企业家无不怀有强烈的企图心，高涨的欲望与旺盛的精力似乎是他们的天赋特性。然而，对一些人来说，奋斗奋斗奋斗，摆脱了物质的饥渴，成为千万富翁、亿万富豪，甚至成为财富金字塔顶端那百分之一、千分之一的“稀有物群”之后，他们却活得不快乐。

我们周围有一批这样活得不开心的富人，财富积攒得越多他们越不快乐——这几年，不止一位企业家向我吐露过这样的苦恼。

雄心壮志当然是好的，但雄心壮志和贪得无厌往往只有一墙之隔。我在多个场合向一些企业家朋友推荐两本书：马克斯·韦伯的《新教伦理与资本主义精神》以及肯尼斯·霍博和威廉·霍博兄弟俩合著的《清教徒的礼物》。两部相距 100 年的著作讲的是同一个哲理：

财富创造的动机与企业家的价值追求。

财富不应成为禁锢企业家精神的“铁笼”，相反应是“轻飘飘的斗篷，随时可以将其甩掉”。卓越的企业家无不有一种“救世的气质”。

中国企业家普遍面临的精神困惑也许正在这里：赚钱的意义何在？财富是目的还是工具？

我们需要构建中华人文背景下的企业家信仰体系、使命体系与价值观体系。

**之二：一个病态的商业逻辑——先作恶，后从良**

近年，一些怀有一夜暴富心态的创业者，在公开或私人场合堂而皇之、理直气壮地鼓吹类似的观点：野蛮生长，降维打击，唯快至上，垄断为王……

这导致的结果是，什么有害无害，假货真货，假药真药，假数据真数据，假信息真信息，侵权与否安全与否，都不重要，都可以轻视甚至无视。一切都为业绩的火箭式增长让路，为市场的跑马圈地让路，为一家独大的老大地位让路，为威风八面的独角兽让路，为估值和市值让路。

有学者私信我：先作恶，后从良，某某公司就是这么走过来的。

我不敢苟同。改革开放毕竟已经40多年了，市场经济和法治化建设也毕竟有40多年了，我们已是世界第二大经济体，早该告别原始积累期的丛林法则了。

在一个喧哗、喧闹的时代，企业家最需要的是自我怀疑和自我审视。极端点说，中国的企业家可以不读管理书籍，但不能不读中外历史。读史使人明达而知进退、知荣辱、知行止。越是握有权柄和拥有财富的人群越要有大历史观。

历史有一条逻辑亘古未变：上升者必有顶点，上升快的，垮下来就更快。

**之三：富不过一代、二代之兴衰律**

我这些年研究组织兴衰律、兴亡律，从美第奇家族，到胡雪岩帝国，再到中国改革开放以来的一批民营企业，大致都逃不出这样的轨迹：初创时勤劳节俭，清明克己；发展到中期，即所谓繁荣期、成熟期，开始奢华失度，奢靡无算；到了晚期，就是溃烂，刹不住车的从上到下的人性溃烂、文化溃烂、组织溃烂。美第奇家族冒险与征服的基因不可谓不强，最终却以最悲绝的下场落幕，渗入其骨髓的浮华、腐化与懈怠是导致大悲剧的根因。而绝大多数的东西方公司并没有美第奇家族这样的幸运和长寿，毕竟它活了 300 多年。

我们的祖先总结得很精辟：富不过三代。

富不过三代？我们如果剥离掉外部环境及历史治乱的周期律，看到的则是一个冰冷的组织自身、家族自身的兴衰内因：曾经赖以崛起的基因衰变了——活力衰减了、孱弱了乃至于丧失了。

一位 46 岁的投资家一边抽着雪茄，一边问我："老师，我的财富已经够用几辈子了，可不可以告诉我，我、我的儿女继续奋斗的理由？”

30 年前穿草鞋的少年，梦想有朝一日穿皮鞋，穿上皮鞋后依然奋斗不止，现在突然什么都有了，豪宅豪车游艇，雪茄红酒高尔夫……

也有企业家朋友对我倾诉：“创业前 10 多年，我每天工作十几个小时，甚至通宵达旦，现在最不想去的就是办公室，最喜欢的是茶道和香道，还有坐禅。”

富不过三代？那是传统农业时代中国名门望族的盛衰律。而在今天这个竞争高度透明和残酷的信息时代，葆有二代的兴盛恐怕都不易。而事实上，在第一代的身上，我们已经目睹了太多的速成与太多的速朽。

有学者认为，新教文化与儒家文化虽是完全不同的两大思想体系，但二者有一个共通点：主张劳动是人的天职，崇尚勤奋；同时训导人们要懂得节制、克制。勤劳致富的另一面是节俭。

**之四：“巨婴心态”与机会主义**

中国经济的一个显著特征是：政策驱动。中国企业家中为数不少者也患上了一种“巨婴心态”的政策依赖症。许多企业家都是半个时政家，几十年在政府文件、领导人讲话、政府报告、报纸社论的字里行间期待或失望、亢奋或忧惧，在一波又一波的产业政策变化中捕捉机会、变换战略、调整方向。的确，也有相当一批企业总是能踏准政策潮变的节拍，抓住诸如房地产、矿产、金融证券、重化工、新能源、大农业、“互联网 +”、文化艺术等行业的机会，并获得短期的暴起和急剧的规模扩张，但这种政策驱动的非理性冲动在带来非理性繁荣的同时，也导致了诸多企业的肥胖症：大而不强，大而虚弱。

令人扼腕的是，一些第一代的制造领域的优秀企业，也在过往的 20 年左右，定力不够，随风起舞，四面出击、八方布局，偏离了主航道。而稍具规模的县级以上企业大都涉足了房地产，更具规模的企业大多涉足了金融业，房地产与金融曾经在一些企业家眼中是最大的金矿，如今却是两大“风暴眼”。

互联网金融如火如荼时，我给一位支付公司的创业家发短信：深色西服、深色皮鞋、领带、戒指等代表着一种文明禁忌，距离财富、权力最近的人必须有更多的禁忌心，必须要更加知晓行与止的边界。金融从业者是黄金堆边的守护人，但没有一分是他或她的，他们只是信托者。这就决定了金融的本质第一是风控，第二还是风控，第一是节制欲望，第二还是节制欲望，其次才是创新。但当大批的穿牛仔的冒险家、淘金者闯入金融圈时，就离灾难不远了。

一位著名的科技制造企业的老板，前几年不无忧虑地对我说：“我在北京一家酒店的咖啡厅喝咖啡，左边一群人是搞 P2P[①] 的，右边的一群人是搞投资的，后面的一伙是搞众筹的，似乎满大厅的人谈的都是金融，而且大多是年轻人。”

---

① P2P：英文 peer-to-peer 的缩写，意即个人对个人（伙伴对伙伴），属于互联网金融产品的一种。——编者注

85后、90后的中国青年，在近10年里耳濡目染了太多一夜暴富的财富神话。走上社会后，他们中的一些人也成了躁进的机会主义者，都市街巷遍地而起的咖啡馆里到处都有青春燃烧的面孔和焦灼兴奋的“赌徒”——几年前最发烧的是P2P与众筹，而今最新潮的是虚拟货币与区块链。

一次赌徒，一世赌徒。然而，赌场不再有了，也不能再有了。

第4讲

# 组织进化的逻辑

## 交易型人才模式，犹如戈壁滩上种植郁金香

近些年全社会都在喊创业，尤其是大江南北热血沸腾的青年们。创业成为时尚，但创业维艰。资本、技术、市场、客户……样样维艰，处处维艰，而最艰难处却是人，是团队。

乐视公司最火爆时，我告诫好几位热捧乐视的学界朋友，乐视是不是庞氏骗局我不知道，但戈壁滩上是种不出郁金香的。乐视和许多新创公司共有的现象是，组织建设的模式有问题。什么模式呢？高度的交易型人才模式。急于求成，急于扩张，急于追超 BAT（百度、阿里巴巴和腾讯），有钱没人怎么办？挖人，满世界高价（甚至几倍于原公司待遇）挖人，一时间让被挖公司的人力资源老大整夜整宿地失眠头痛。而苹果、华为、三星、阿里等大公司的一大批牛人聚啸而来，山寨大营瞬间将帅济济，旌旗招展，好一派风光无限。

但且等等，半年最多一年，一个现象级的问题出现了：雄心向野心的异化，英雄向枭雄的演化。高价交易得来的精英们差不多都会

干这几件事（而且很快）：一是从老东家那儿挖一批自己人，快速建个山头，以壮自我势力；二是各念一套经——三星经、华为经、苹果经，等等，组织文化异质化、碎片化，并且严重对立；三是多数沦为指手画脚的批评家。

何以南橘北枳？根本上在于新创公司没有自己的主体文化，没有自身强大而鲜明的价值观，同时其制度体系也是零碎的、不完整的。

无论是站在当年看乐视，还是站在今天看乐视，看过去和现在许多如韭菜般疯长的公司，我以为都不可轻易妄议创始人的德行或格局，但是依循一般的组织逻辑和人性逻辑，则可以大致洞察到它（企业）和他或她（创始人）的演进轨迹和结局。

有些东西可以赶超，可以弯道跨越，但太多的东西不能，企业只能脚踏实地，一步一个脚印。尤其是人才和组织建设，而组织建设的根本又是文化建设与制度建设。

如果说华为是一个由不同种族、不同国籍的 19 万名知识型劳动者所构成的巨大的混凝土组织，那么华为文化便是其中最强劲的凝胶剂。

## 家文化的结果常常是悲剧

少年时读《水浒传》，前三分之二读得我血脉偾张，忠义侠情，大口喝酒，快刀复仇……但后三分之一我就很郁闷、很受伤：怎么那么好的兄弟说翻就翻了，而且极端冷血和残酷，不都信誓旦旦地结过义、拜过把子了吗?

这些年研究企业组织史，阅读、观察和经见得多了，我突然醒悟："梁山聚义"原本是一个创业故事，过程充满了人性较量，每一页表现的都是司空见惯的忠诚与背叛。企业家们不妨闲时翻翻，把它当作小说版的、中国式的、反面的人力资源教科书。

事实上，我们的多数企业组织都或多或少有着"梁山模式"的影子。

"梁山模式"的精髓是情义观。你没钱，我也没钱，大家合伙去抢，抢完后论功行赏，就地分赃。分银子分位子分码头，唯独不分使命与理想，因为这样的乌合组织本就没有使命与理想。

"梁山结义"的一大特征是：一群人呼啦啦聚拢而来，每个人都有着不凡的过往——人人都是老江湖，大都带有成分复杂、鲜明粗砺的自我价值观和功利色彩，因此从"创业"起步时，这个草寇班子就充满了互相算计、大阴谋与小阳谋、站队跟人与吹吹拍拍、利诱权诱与威逼恐吓，经历一番震荡后，才形成暂时的组织平衡。但平衡与稳定的前提是：壁垒分明的上下等级和层层效忠的江湖文化。兄弟、大哥、"老大"这样的称谓在中国的企业组织中盛行，创始人或企业的各级主管也娴熟于、热衷于以这样的称呼和方式维护、维系与员工的关系。

夫妻店、父子兵、兄弟帮、校友舍友战友结盟创业，这是许多民营企业的原型构成，它的前提则是一种根深蒂固的历史烙印：家文化，扩展开来就是血缘或准血缘关系之上的熟人文化。正因为是“自己人”——儿子或者义子、类义子等，所以充分信任，充分放权，用人不疑。

但结果常常是悲剧性的。

## “唯有文化生生不息”

30多年前，44岁的任正非在走投无路之际，也去创业。华为最早期的文化同样具有江湖色调，一群失意者、落魄者相聚一起，背后的动机既简单又复杂：满足对财富和权力的巨大饥饿感。但不到几年，华为的员工构成就发生了质的变化，变成了一位人到中年的理想主义者和一帮20出头的热血知识分子。

任正非阳光，有激情，拥有罕见的活力和对人性的穿透力与掌控力，更有点堂吉诃德的影子：碰壁不断，经历挫折无数，但却始终乐观地“举着长矛战风车”，而追随他的一帮年轻的“桑丘”（桑丘——堂吉诃德的跟随者），一边批评甚至嘲笑老板，一边激情澎湃地跟着老板闯世界。

华为一个非常重要的特质，常常被研究者和学习华为的企业家所忽略，这就是：创始人和早期创始团队成员的年龄相差20岁左右。而更重要的是，他们中的绝大多数从学校一毕业就进入华为，充满幻想，热血沸腾，敢于冒险，愿意相信，“一张白纸”好画“最美的画”——任正非从一开始就用他所信奉的价值观塑造、反复塑造这一批又一批的年轻华为人，“你们一定要对客户好，对客户好华为就好，华为好你们就好”。选择相信的人留了下来，与任正非和同龄人一起奋斗，20 多年过去了，他们中的不少人成长为业界知名的科学家、专家和华为的高级干部，也进而构成了华为强大的内生型组织力量。

高台起于累土，但累土的材质至为重要。华为一位退休高管这么讲，一个人到了 35 岁左右，差不多世界观就定型了，说得好听是成熟，说得不好听就是世故的“老油条”，他会本能地抗拒一切与他认知不同的事物，你要给他传递、灌输理想与使命，让他接受新的价值观，一般来说比较困难。这一点任老板看得很明白，华为什么也没有，只能靠文化取胜，所以他说“唯有文化生生不息”。

那么，谁更愿意、更容易被文化“洗脑”？当然是年轻人，所以早期 20 年华为很少从社会上招聘员工，即使现在也主要是从高校毕业生中招收新员工。

这一点与军队类似。军队组织最显著的特征是：士兵都是年轻人。

## 西天取经：要义在“经”

少年时我翻烂了《西游记》，着迷、着魔于 72 变的孙大圣，恨透了窝囊废、是非不分的唐僧。年纪大了，站在组织的角度重读《西游记》，我突然发现，它是中国小说中很异类的经典，充满了理想主义色彩，而唐僧则是一位伟大的理想家。

西天取经的要义在“经”——使命、愿景与价值观。唐僧始终不改初心，并锲而不舍地将愿景传导给团队中的每一个人。他虽没有孙悟空的火眼金睛，时常被化成良善人家的妖怪所蒙骗，以至于多次错怪部下，但这和他所信奉的价值观高度一致：心存善念。

唐僧团队的每一位都是“老江湖”，这是一支典型的杂牌军。“创始人”唐僧的厉害之处在于他能够包容、驾驭、凝聚这一群不同出身、不同背景、不同个性、不同品格和能力的人（人少也很关键，加上白龙马也不过是 5 个人的小团队），引领团队共同承受九九八十一难，经历无数的坎坷与诱惑，最终修成正果。相较于水浒英雄们的大败局而言，前者是有魂的团队，后者则有“魄”而无“魂”。

## 华为是一支有魂有魄的商业军团

任正非从华为创立至今，基本上不直接管人、管钱、管业务，而且越往后越放手，越来越从必然王国进入自由王国。任正非认为“最大的权力是思想权”，这也就定义了他自己在华为的角色与职责：类唐僧，指出方向，确定使命，与高管团队一起规划愿景，形成价值观，并一起制定战略。同时，又在公司发展的某些重要阶段“一竿子插到底，为变革寻找切入口和试验田”。华为一位高管对任正非的画像也许更形象：吹牛大师 + 洗脑大师 + 践行者。

过去 30 多年，任正非对内对外吹过的“牛”（愿景）都实现了，而且远远超出预期。原因之一：华为的使命、愿景与价值观是一个统一的思想体，使命牵引愿景，价值观为使命与愿景的达成奠定基础；原因之二：层层“念经”，时时“念经”，“阿弥陀佛，阿弥陀佛……”，久而久之，个体的人被“洗脑”了，进而整个组织卷起了使命的旋风、价值观的旋风和持续奋斗的旋风；原因之三：老大和各级主管身体力行。世界上最蛮荒的地方有华为人，最炎热和最寒冷的地方有华为人，战乱、地震、海啸、疟疾发生的地方和海拔最高的地方有华为人，有华为人的地方就有任正非和华为主管们的足迹。

唐僧永远和团队在一起。同样，任正非也永远和员工在一起。

## 为什么你的价值观成不了组织基石？

价值观是组织之魂。华为“以客户为中心，以奋斗者为本，长期艰苦奋斗”的核心价值观是融进了 19 万人的血脉之中的，更融入了整个组织的制度与流程体系之中。换个说法，是价值观决定了华为的制度走向、制度框架和制度创新，并进而成为左右华为人才战略与干部取向的根本准则。

但毫不客气地说，太多企业家对此并没有足够的认知，他们为自身企业设计的价值观要么是空洞的，比如开拓创新、开放进取、以德为先（类似大而无当的词汇是许多中国企业的价值观用语）等，要么就是随意的，从制定到传播都失之于轻率，其结果就是“挂在墙上，忘在心上”。

对于华为而言，价值观本质上是利益关系的认知与界定，它规定了企业的价值创造来源、价值评价标准和价值分配原则。通俗点讲，是一个钱从哪儿赚、怎么赚钱，靠谁去赚钱、赚了钱后怎么分（也包括权力的分享、成就感的分享），分钱、分权的目的是什么的三段论。很显然，这也是一个高度闭环的利益—观念体系。如果说这 18 个字、三句话中的每一句，都是老掉牙的人类常识，但将这三句话闭环成互为因果的价值链条，并进而将其上升为公司从上到下、人人都必须遵守的最高理念，却有着重要的创新意义，这既是理念层面的创新，亦是制度创新。

比如，经典管理学的价值主张是股东利益最大化。华为的价值主张却与此有重大差异。华为尊重股东在企业发展中的重要贡献，认可资本所承担的风险，股东理应得到合理和长期的收益，但相比较而言，华为在股东和员工的价值权重方面更倾向于认为员工（包括企业家和管理者）是企业持续健康发展的根本动力，所以，员工要先于和优于股东进行价值分配，而股东则必须节制过度的贪婪和短期行为。最显著的结果是，过往 30 多年，华为员工的年平均收入之和（含工资奖金和福利）与股东收益之比为 3:1 左右。另外，在与客户的关系上，华为主张“深淘滩，低作堰”，绝不谋求暴利，而是谋求与上下游企业构建共兴共荣的产业链，大家一起强大，一起面向未来。

悖论，均衡，耗散，熵，等等，这些自然哲学的词汇贯穿于华为 30 多年的管理思想体系、制度和实践体系，在价值观上同样如此。在客户、员工和股东三方的价值关系上，三方各有一定的权重，但绝不能走向任何一方的利益最大化，任意一方的利益最大化都会断送掉华为的未来，对另外两方长远来看也不一定有利。这是一种多赢游戏，但在一些短视的企业主眼里、在过时的商业教科书中却变成了“你多了，我就少了”的零和博弈：对客户竭泽而渔，对内尽量压低劳动力成本，以谋求股东利益最大化。

价值观是对企业内外利益关系的描述和界定，所以价值观决定组织的盛衰兴亡，是组织的基石。因此，企业价值观是一件至关重要的大事，不是老大或者几个秀才拍脑袋想出来的。华为的核心价值观经历了 20 年左右的实践和探索，从公司起步始，这三句话就分散在不同的文件和讲话中。直到 2007 年，华为才将“以客户为中心，以奋斗者为本，长期艰苦奋斗，坚持自我批判”正式确定为核心价值观，现在又调整为三句话，因为“自我批判”与“价值”无关，它是维护和巩固核心价值观的工具，是护法宝器。而这个护法宝器越是强大，越是制度化、经常化和体系化，核心价值观也越能够做到不变形、不走样、不扭曲。

## “钱分好了，管理的一大半问题就解决了”

“我们要一碗米，他不是给你一斗米，而是给你十斗米；你准备了一顿大餐，他给你十根金条，”华为高管邹志磊这样评价任正非，“一个项目怎么干他不关心，他只要结果。他给你政策、资源，还告诉你这本来就是你们挣的……”

价值观重在落地，重在一诺千金——它是创始人和企业的高层领导群体对全体员工的郑重承诺。说好的“以奋斗者为本”，实际上却是股东至上；讲好的“以客户为中心”，事实上却以领导为中心，价值观与管理现实是背离的，或者在实施过程中严重扭曲，其结果就是价值观变得轻薄而无价值。

华为是一支让竞争对手们望而生畏的虎狼之师，30 多年来一直充满了强悍的战斗力和凝聚力，其根源就在于悬在十几万人头顶的核心价值观是有金子般的价值的。华为从创立至今，它的价值观始终能够兑现为沉甸甸的财富、权力和荣耀感。

华为有不少老员工对我讲，早年他们一个深刻的记忆是薪水涨得很快，有人一年涨了 7 次工资，刚进公司时月薪 560 元，年底加到了 7600 元；有人一年涨了 11 次，涨得最多的是一个研发部门里的 10 多人，所有人一年加了 12 次工资……这既说明了华为早期管理有多么混乱，又十足地反映出华为在践行“以奋斗者为本”方面有多么激进和彻底！我近距离观察和研究华为 20 多年，印象中华为每年都要给员工普遍加薪，而且幅度不小，以至于蓝军部门撰文批评，认为这是 overpay（过度支付）。

任正非说，钱分好了，管理的一大半问题就解决了。

分钱是门学问，但更考验老板和各级管理者的人格。一群海盗到海上去抢银子，抢了一大堆，马上面临的问题是怎么分。有格局的老大当然选择公平分赃，谁抢得多就分得多，责任导向、结果导向嘛！胸怀狭窄的海盗头子就打起了小九九，先算自己的账，再照顾平常跟自己近的，说穿了就是那些成天围着他拍马屁的，接着要考虑平衡，到最后抢得最多的人所分无几，而且常见的情形是，有本事的十有八九是刺儿头，有打仗的本事但没逢迎的本领，不被一些老大所待见，所以轮到分银子分位子时总吃亏，但他可以一次认了，两次忍了，三次……还有三次四次吗？最后他们不是对着干就是“此处不留爷，自有留爷处”，或者堕落成又一个马屁精。

“公平分赃”至为重要，“就地分赃”同等重要。金山银山堆在那儿，大家的眼睛都发绿了，有多少人还有心思去找下一艘商船？我们有一些老板没想明白这个道理，有些老板的心理有点扭曲，觉得虽然银子是一起抢下来的，但什么时候分是他说了算，就是迟迟拖着不分，以至于把论功行赏变成了老大的恩赐。

从激励学说的角度，延迟激励拖得越久，激励效果越呈现出几何级的衰减效应，再加上不能做到相对公平，所带来的常见情形是：一些公司每到年底发奖金，人心就涣散一次。

我观察和分析过一些民营公司，我的一个深刻认知是：创始人、老板、高管的自私是妨碍企业发展的重要根源。

华为“蓝军司令”潘少钦撰文称，华为事实上的人力资源部部长是任正非，事实上的“蓝军司令”也是任正非，任正非的一些管理思想是颠覆性的，比如华为长期坚持人力资源目标高于财务指标追求，这在全球企业中很罕见。华为每年都会“养猪杀猪”——年初“养猪”，年底“杀猪”，即年初定目标，十几万人365天齐心努力，把“猪”养肥，年底先分奖金再分红，利润几乎全被分光，公司又变成了“瘦猪”……华为大概是全球500强企业中“最穷的高科技企业”。

这应该是任正非在管理中对“熵理论”的极致应用，是一种不给任何人留退路、任何人都只能持续奋斗、只能持续前行的组织倒逼机制。这一机制的假设逻辑是，个体和群体的饥饿感驱动组织活力与价值创造；假设前提是，价值评价和价值分配必须是公正的和相对公平的。

多劳者、贡献者则发财，这条准则从华为创立之初到如今，始终被贯彻得很彻底，由分配不公引起的组织内讧、大面积的消极情绪以致团队分裂的现象在华为历史上很少发生；与此同时，多劳者、贡献者则升官的干部晋升机制，在华为也一直被坚持得比较好。你要想快速进步，到非洲去，到艰苦的地方去；你要想做将军，到上甘岭去，到主航道去。华为很少讲培养干部，任正非倡导的是“将军是战场上打出来的”。

华为一位高管这么说，华为本质上是“分赃分得好”，这里所谓的

“分赃”不仅是财富分配，还包括基于责任与结果导向的权力分享和成就感、荣誉感的共享。

## 管理的最高境界就两个字：简单

阿甘，一个智商只有 75 的低能者，却凭借激情、执着和强大的信念、罕见的意志力，创造了许多奇迹：越战英雄、乒乓外交使者、企业家，等等。

10 多年前，任正非说：“我就是阿甘！”

前几年任正非经常讲：“这些年聪明的人都走了，留下来的这些人，我傻，你们也傻，我们这一群人傻傻地一起干，就干出了今天的华为。”华为海思芯片公司总裁何庭波则说：“公司不投机，加上理想又远大，人的潜力就被激发出来了，华为大部分人内心是有点理想主义的。公司的基本概念是朴实的，老玩花样的人在华为是占不到便宜的，最终会被识别出来，而有贡献的奋斗者，坦荡做人做事，就会脱颖而出。”

简单驱逐复杂，是华为文化的一大特质。而简单、“傻”，也是华为人的共同文身。有一位华为的客户高管告诉我，“在通信行业，你能一眼识别出谁是华为人，他们都像被任正非、被华为洗过脑似的”。我访谈过几百位不同岗位、不同年龄、不同职级、不同性别的华为人，我非常认同这位客户高管的看法。大致说来，华为人的共同特质包括：认为客户就是鸦片；极强的责任导向和目标导向；关起门吵架拍桌子，走出门遵守集体决策；类军队的强大执行力；在内部成天唱衰华为，尤其是在心声社区尖锐甚至尖刻地批判公司，包括任正非及各级领导，但在外，绝大多数人以身为华为人而自豪，许多离开华为多年的前员工更是如此。

简单的人与简单的组织，这其实是管理的最高境界。世界上最一流的军队为什么一流？简单是其精髓。官兵上下一门心思想的是打仗和准备打仗，组织的全部环节都直接或间接地围绕作战而设计，华为管理文化、管理制度中渗入了许多军队元素。

任正非深知，军队是与死亡对抗的组织，所以最具危机意识和创新精神，同时也最有效率，更重要的是，简单。

哪一天，华为人变得复杂了，组织变得叠床架屋了，华为也就离衰落不远了。事实上，华为今天的组织已经相对复杂了，一些人也有点复杂了，所以华为这几年在不断进行变革，变革的核心宗旨是：简化组织，简化流程，解放人。变革的学习对象是多方面的，但不少方面是在向军队的管理体制学习，尤其是向美军的管理体制学习。这一点在《华为公司人力资源管理纲要 2.0》中有充分和鲜明的体现。

## 组织的本质：基于契约的交易

2008 年或者再往前推到 2001 年之前，在十几、二十年的时间里，华为构建了一支数千人、几万人的内生型人才团队，他们中的绝大多数都是从学校一毕业就跟着任正非闯天下，以“青春加速折旧”的奋斗精神为华为做出了贡献，华为也让他们收获了财富和成就，让他们的雄心、理想有了一个宽阔的安放之地。

他们是被华为文化从细胞层面熏染、重组了的一群人、一大群人，同时他们也是华为文化的共同创建者，是华为核心价值观的“基因组”或“基因群”。

然而，即使是这一群打天下的人，包括任正非，包括十几万人中的每一分子，他们与华为的关系在本质上仍然是基于契约之上的交易关系，是高度对称的责任赋予与责任承担的闭环。换句话说，如果某一天那个人不再具有责任承担的能力，或者活力不足了，倦于继续承担责任，那么他就应该被调整或辞退。相反如果某个人觉得公司不再是他认可的组织，他也可以与公司潇洒分手，大家简简单单地一拍两散。

制度派生于理念，华为的核心价值观本质上是规定组织与员工关系的最高理念——员工要围绕着客户努力奋斗并创造价值，组织要依据员工的价值贡献给予对应的回报。这样的理念最终要以制度（契约）的方式落地。实施的结果必然是：简单的组织，简单的人。

中国职场上有一个热词：卸磨杀驴。30 多年来以各种原因离开华为的有几万人，但似乎很少听到离职或被辞员工有类似的抱怨，这固然和华为优厚的在职回报和离职补偿有很大关系，但更重要的是员工和组织共同对契约的尊崇。

华为用人文化在 30 多年间形成了一个“用人不疑—用人要

疑—用人不疑”的三段式循环。早期10年，华为与中国绝大多数民营企业有相通的文化特征：重情义，讲忠诚，充分放权，用人不疑。整个公司在初创阶段生机蓬勃，可谓“遍地英雄下夕烟”，处处旌旗招展，研发与市场也不断创造佳绩。但随着时间推移，人的欲望就开始膨胀，雄心滑向了野心，英雄向枭雄异化，组织中也出现了大大小小的山头，在华为成立的第10个年头左右、销售额突破100亿元前后，任正非患上了严重的抑郁症，尽管这跟外部的多发性巨大压力有很大关系，但组织内人的挑战恐怕是更大原因。

多年来，我经常听到华为不止一位高管抱怨：一只老鼠坏了一锅汤，几个人的背叛让老板后来变得对谁都不信任了。

高管们误读了任正非若干年。

## 中国式管理“黑洞”：江湖化

2002年的某一天，北京香山植物园，任正非在和我散步时讲了一番话：西方文化和制度的前提是，人是不可以相信的，制度更可靠。华为要依赖制度，这样离开谁天也不会塌下来。看得出来，这是他的观念升华。在此之前的1996年甚至更早，华为就开始了与西方尤其是美国知名咨询公司的接触与小的合作，1997年花巨资引进IBM在华为进行制度与流程的全面变革，长达5年的边实验边思考的过程，使任正非在观念层面有了根本变化：建设制度依赖的华为。

具体到组织与人的关系上，即契约高于一切。

10 多年后回头看，华为之所以能够成长为中国企业中最成功的全球化公司，之所以快速超越了一些曾经辉煌的中国同行，分水岭应该是：华为逃出了中国式管理“黑洞”，而为数不少的民营公司则不然，它们深陷于泛道德化的泥淖举步维艰。

中国式管理的“黑洞”是建构于情义观之上的熟人模式，除了“自己人”之外的都是“非我族类”的陌生人，都不可相信，而只要是“自己人”则会充分信任，包括放弃原则。“黑旋风”李逵忠义当头，拿着大板斧到处砍人，但他只杀大哥不满意的人，唯老大宋江马首是瞻。老二老三拉山头本不应该，老大拉山头更是荒谬！但这却是许多企业现实存在的问题。

任正非个性非常活跃，很乐于敞开思路与不同人交流，但几十年来他却在公司内外很少有朋友，尤其是在华为内部。不结盟，不建圈子，也不走圈子，同时也警惕圈子，更注重用制度的利器防圈子拆圈子，这使得十几万知识精英在 30 多年间，虽难免会形成一些小的山头，但都很难坐大，而且相对松散；也难免会有一批既得利益者，但他们却很少或很难结帮。这既归功于创始人的理性自觉，更归功于制度的力量，比如华为长期坚持的铁律：换防制。一个主管在一个部门待 3 年，最多不超过 5 年，必须换岗到别的地方或别的部门。

近 20 年来，华为的管理词典中很少讲“忠诚”，你也很少听到任正非对历史上“背叛”过公司的人进行指责或给予负评，最多偶尔冒一句：“已经离开华为了，还总打华为的旗号干什么呢？”

华为对高级干部有忠诚的要求，但指的是对事业、对公司的忠诚，而非对某个人包括对任正非的忠诚。恰恰相反的是，“老板最讨厌马屁先生”，一位研发主管这么说，“做好自己的事，对公司有贡献，不需要讨好谁，有时候可能会吃亏，但总体上华为不会亏待老实人”。

从“用人不疑”到“用人要疑”，从情义文化到制度依赖，从“自己人模式”到“陌生人模式”，华为用30多年的时间，完成了一个本土公司向全球化公司的文化转型、制度转型，但在新的时期，这种文化与制度形态的弊端是什么？什么应该坚持？什么应该扬弃？

制度可依赖，但制度是有缺陷的，从来没有完美的制度，所以组织要因时因势进行制度变革。这几年，上自任正非等高层领导讲话，下至心声社区内部网站上的大量普通员工的文章尤其是跟帖，都在密集反思华为的用人观，集大成者是《华为公司人力资源管理纲要2.0》。《华为公司人力资源管理纲要2.0》中有一个观点非常醒目：从不信任管理走向信任管理。

显然，这是一次螺旋式上升的“用人不疑”，而非倒回20年前。

## 从“子弟兵”“兄弟连”到全球延揽贤才

如果说2001年之前华为是清一色的“子弟兵”“兄弟连”，那么 2001 年，伴随着全球 IT（信息技术）泡沫带来的人才泡沫，华为不失时机地在发达国家和地区试水延揽外部人才，起初延揽更多的是技术类专家和产品开发人才。发展到 2006 年，尤其是 2008 年金融危机时期，华为在逆势扩张市场的同时，更具意义的逆向动作是：以最开放的姿态快速吸纳西方公司大裁员裁出来的优质过剩能力，并在全球范围内招聘研发、市场、财经等多门类的专才加盟华为。截至 2018 年年底，华为 18 万名员工中有 4 万多属于拥有 165 种国籍的外籍员工，其中不少人是行业的高端专家，有上千位数学、物理、化学方面的科学家。有人评论，华为一些办公和生活区域更像“五颜六色的万国俱乐部”。华为从一家国际化公司步入了全球化公司：全球人才加盟，全球能力中心布局，全球治理结构和全球文化融合。

我的观察和研究认为，前 15 年，华为基本上实行的是纵向的、内生型的人才建设模式，构建了一个特殊的、高度类型化的、数量庞大的使命共同体与命运共同体团队，这在世界范围内的大企业中也并不多见。这既是优势，也是缺陷，拥有罕见的文化凝聚力的同时意味着文化自闭。因此，后 15 年尤其是后 10 年，华为的组织建设进化成“内生 + 交易”型模式，变得相对自信和开放，某跨国公司的总裁认为，到今天为止，华为是全世界唯一用好了中国人才和非中国人才的公司。

开放与自信的背后是价值观的普适性带来的认同。华为米兰研究所所长雷纳塔·隆巴尔迪（Renata Lombardi），是一位“很华为”的意大利科学家，他每天第一个到办公室，晚上 7 点左右离开，晚餐后又会打开电脑工作，一年有 140 天左右的时间在全世界出差，他的观点是“我从未想过要在生活与工作之间画一条明确的界线，因为这是我的生命”。他对华为核心价值观中的“奋斗”一词有很强烈的认同感。有人曾对他说，华为人充满“狼性”，他回答“我也是一头狼”。

与价值观并重的是制度认同。契约是企业一切制度的本质内涵，更是联结组织与人的神圣纽带。

华为首席信息安全官约翰·萨福克（John Suffolk）曾经是英国政府的首席信息安全官，在华为工作几年后对华为的印象是“人们对华为的表面认识并不是真正的华为，它非常专业，开放，有自信”，“成就客户的价值观使得华为在英国游刃有余，也体现了华为和英国在价值观和工作方式上的高度契合”，他在一家东方公司“嗅到了熟悉的气息”，这就是“华为的流程非常系统化”。而摩托罗拉一位前高管告诉我，他与三个不同的中国公司打过交道，华为给他的最深印象是“华为对契约的重视不亚于任何一家西方公司”。

这里所指的契约当然也包含了组织与员工的契约。

## 上帝不能死，尼采不能疯

管理本质上是关于欲望的悖论。“员工不爱钱，不是好员工”，听起来有些极端，但它道出的是人性真谛：饥饿感是个体活力和群体进取心的基础驱动力，所以组织要基于普遍人性，最大程度、最有效地满足员工对财富、权力和成就感的多元欲望，进而实现组织的价值扩张。但无奈的是“夏娃身边有蛇”——人在追求正当欲望的时候，时常会超越边界，走向无度或非正当，走向财欲横流和权力滥用，走向动力机制的异化。因此，对欲望的管控就成为必需，也因此，管理作为一种工具就被赋予了永恒的两面性：激发欲望、控制欲望，张扬自由、崇尚秩序。

管理是那种“左也对，右也对”“左也错，右也错”的艺术哲学。所以，一大批的所谓专家、学者谁都可以站在岸边引经据典地指点企业家们怎么游泳、换什么样的泳姿……但说实在的，只有企业家本人最清楚问题出在哪儿，怎么才能不死，怎样避开险礁恶浪到达对岸。问题常常出在，有不少企业家什么都明白，就是无力作为，不想作为，或者“装睡”。

所以使命感永远是卓越领导者、一流企业家的标配。对有些人来说，使命感是与生俱来的，是一种本能，比如唐僧。唐僧是优秀的管理大师，手下有降妖伏魔的悍将孙悟空——天生反骨，是一位酷爱自由的秩序反叛者，而且打心眼里“瞧不上师傅那面团劲儿”。而唐僧的使命感决定了他必须不断地激赏孙悟空的斗志，又必须不厌其烦、再三再四再五地管住孙猴子的“杀欲”，整个过程中你几乎看不到他的愤怒、烦恼或厌倦，相反看到的是淡定的平衡能力、驾驭能力：在紧箍咒（管控）与金箍棒（活力）之间运用自如。唐僧不得已时会念紧箍咒，但在漫长的西征途中念了不超过10次，更重要的是，他永远让孙悟空金箍棒在身——唐僧深谙什么是组织的根本：战斗力！

任正非同样深悉人的两面性和治与乱的循环，这既是生存法则逼出来的见招拆招，也是“摸石头过河”的思想与制度实验。原始积累期（创立后的前10年）的华为，呈现出的是极简的层级、极少的管控、极强的狼性和极高的效率，这些使华为得以杀出重围，从最底层快速崛起。但长期如斯，则大概率是玩剑者死于剑下。于是，华为削足适履，在资金极困难的情况下花巨资买外脑、买制度与流程，让英雄或枭雄们臣服于制度与流程，给“孙悟空”戴上紧箍咒，从而一路披荆斩棘，以20年左右的时间登顶全球业界领先地位。然而，玫瑰犹香，艰困复现，今天的华为既有领跑者关于方向的迷茫，更有管控过度、层级重叠、文牍主义、形式主义、威权文化带来的组织活力的降低，后者在组织学研究中被称作“帕金森定律”，这是所有大企业走到一定阶段都要面对的更年期综合征，华为亦不例外。

华为针对大企业病的改革已经有几年了。20年前的大变革是从乱到治，这一回的变革是从治到“乱”，“乱”的目的非常明确：解放生产力，释放创新力，让组织变得更有弹性、更少束缚，让人变得更自主、更自由。

一天深夜，任正非发给我一段视频，题为“尼采是怎么疯掉的”。视频里，尼采站在马路边，看到一位凶悍的马夫使劲挥舞马鞭，抽打一匹不愿朝前迈步的瘦马，马在痛苦地嘶鸣。尼采愤怒了，冲上前，夺走马夫的皮鞭，抱着马的脖子说：“我的兄弟……”

那一瞬间，伟大的哲学家疯了。

尼采曾经极端预言：上帝死了。

上帝则回应：尼采疯了。

上帝是规则的制定者、秩序的化身，尼采则是自由与英雄的象征。我们既要拥抱自由，呼唤英雄，同样也需要守护秩序，敬畏规则。

在我的认知中，属猴的任正非从骨子里厌恶官僚体制，从小就有浓烈的英雄情结，一生崇尚英雄文化，所以，他也许更欣赏孙悟空——不是大闹天宫的孙猴子，而是无畏与勇猛的孙大圣。但历史赋予了任正非“唐僧”的角色，所以，他必须既张扬理想主义、激赏英雄主义，又要成为制度、秩序、规则的建构者、卫道者、变革者；既要因时因势踩刹车，更要不失时机踩油门。优秀的组织家无不是左右互搏的自相矛盾者，也无不是摆荡于两极的动态平衡家。

上帝不能死，尼采不能疯。

## 组织管理的六大要素

（一）

组织建设要从一砖一瓦做起。技术可以买，产品可以组装，市场可以虚幻膨胀，弯道超车貌似可能，但组织的强健与否则是检验一切的试金石。严酷的事实一再证明，任何反常识、反逻辑、“大跃进式”的速成型组织都无法长久，无法支撑“奇迹”的持续。

戈壁滩上可不可以种植玫瑰花？当然可以！改良土壤，增加土地肥力，建构引水工程，就可以做到。这背后是企业家的勇气与智慧，更需要的是忍耐力，长久的忍耐力。十多年、七八年甚至三五年就要超越别人 100 年、50 年、30 年的行业地位，恐怕希望渺茫。那种“万一要实现了”的观点既不客观，也会误己误人。

（二）

健康的组织一定要拥有强大的内生型的组织力量，这种组织力量像钻石一般坚硬、纯粹、富有内聚力，是组织安危的基石。

钻石是从地底探挖出来的，金子是沙河里筛洗出来的，内生型的组织力量当然也是在漫长的岁月中一个一个、一群一群地锻造、打磨出来的，既经历过辉煌，更一起走过了磨难。其中的多数人与组织既是命运共同体，亦是使命共同体。

但是，内生型的组织力量并非封闭体，应该不断吐故纳新，不断换血和输血，开放性地拥抱一切认同并践行组织使命、愿景和价值观的个体。

（三）

商业组织的本质是基于契约之上的交易，人才是通过“买卖关系”获得的，即使内生型的“子弟兵”，他们也绝不仅仅是因为理想聚在一起。理想、使命的基础是价值回报，没有富有吸引力的薪酬体系，再高大上的理想都只能是镜中花、水中月。道理很简单，商业组织的本质属性是利益的扩张，老板逐利却让员工逐梦，这岂不是笑话？但事实上这样的荒谬笑话俯拾皆是。

雇佣关系是组织与员工的原生形态。把雇佣军转化为正规军的前提是，既充分关注、重视、兑现员工的物质诉求、权力诉求，同时也要用责任、愿景、使命去激发和牵引他们的成就感和多元的精神诉求。正规军与雇佣军的重要区别在于，前者是有魂的。

（四）

开放性吸纳四海精英的前提是，组织自身要拥有基于人性、普遍认同的价值观。华为的核心价值观是关于企业中客户、员工、股东三方关系的价值界定，是一个关于从哪儿赚钱、怎么赚钱——靠谁赚钱、怎么分钱（包括权力获取和成就共享）——分钱（包括权力获取和成就分享）的目的的三段论，是一种建构于人性哲学之上的、高闭环的企业经营哲学，再加之充分落地与执行，因此获得了十几万名员工的普遍认同。

组织发展壮大的过程，事实上是选择同路人的过程。同路不同心者多有，但终不会长久。无论你来自何处，过往何等辉煌，在加盟新的组织且处于高职阶时，如果不能认同企业的价值观，就无法被企业充分接纳。

企业自身要有消化、吸收和包容外来文化的自信，并有将“空降兵”改变、融合进自身体系的制度能力和组织能力。

（五）

一切组织的最终成败，根本上在于组织与人的互动。雄心与野心是一体两面，如果组织没有清晰的价值观，没有良好的制度体系，没有建筑于这二者之上的使命与愿景，南橘移地则是北枳，雄心就会向野心异化。

（六）

华为组织建设的核心理念是基于西方主流的人性假设。人是万物之灵，但人的欲望复杂而易变，因此与制度相比，人是靠不住的；制度是人制定的，天然有缺陷，但与人相比，制度是可依赖的。

制度的不完美性，决定了任何组织都离不开两大工具：自我批判与变革。

华为的用人文化经历了“用人不疑—用人要疑—用人不疑”的“信任—不信任—信任”的螺旋式进化历程，背后反映出的是华为领导群体的人性认知和制度探索、人性反思与制度批判，是一个递进、上升过程，而不是原地打转的回归。而且这个演进性循环还会继续下去。

第 5 讲

# 组织兴亡律与组织变革

三十年河东，三十年河西，是我们中国人对人类组织史，包括国家、企业、各类社会组织，乃至于家庭组织的很经典、很形象的阐释。

为什么我们在观察东西方各类组织的发展史时，总能够看到组织在艰难地兴起、繁盛之后，又缓慢地甚至迅速走向衰落，乃至于走向消亡？这中间无疑是有规律的。

## 关于组织的一个公式：活力 = 资源 ×（空间 / 时间）$^2$

任何组织都逃脱不了这样的公式，就是活力 = 资源 ×（空间 / 时间）$^2$。组织活力是个体活力之和。活力是组织的灵魂。资源包括资本资源、技术资源、人才资源和管理资源。有一些是可量化的，有一些无法量化。

资源与活力的不断交换、互为转换是组织的基本规律、基本逻辑。但是，一旦有了空间和时间的交错，尤其是时间这样一个矢量的必然介入，就意味着机会，意味着弱小者对强大者的超越，意味着时空纠缠、永无完美。时间是任何完美形态的杀手。因此，如果一个组织活得足够长久，那么以往所有的胜利就都是烟云。

华为到2017年有30年了，那么未来的30年，就是河西的30年，华为走向平庸式衰败或者急剧式死亡，也是不意外的。所以，无视过往的成功，无视过往的胜利，不断与组织病变、组织熵增做斗争，是公司高层领导者群体必须常有的危机意识。

## 文化力量与制度创新是华为崛起的两大要素

在华为发展的前10多年，华为与西方竞争对手之间的关系是非对称竞争态势，但是30多年后，为什么那些百年巨头一个个王冠落地、辉煌不再，乃至于像摩托罗拉这样的公司，已经成为历史烟尘中的伟大符号？相当重要的一点，跟资源、活力要素的动态匹配有关系。时间造就伟大，时间也是腐蚀剂。

华为创立的前10多年，拥有怎样的资源特征？

首先是资本短缺。华为创办时只有21000元人民币，长达20年，资本短缺都极度困扰着公司的扩张与发展。IPD（集成产品开发）尤其是ISC（集成供应链）变革为什么没能按照IBM专家们设计的方案一步到位？原因就是2002年公司经营出现重大困难，只能在变革上砍资金，从而导致变革没有达成理想预期。

资本短缺之外，当然人才短缺、无技术，包括无管理，也是华为早期的几大特征。比如说人才短缺，今天华为可以在全球范围内吸纳世界一流人才，但在 20 年前，要想从国内一流大学招聘一流人才，非常非常之艰难。

那么，究竟是什么因素使得华为这个无资本、无技术、无人才、无管理的“小草”能够在过去 30 多年蓬勃生长，在与西方巨头的非对称竞争中，追赶乃至超越它们?

相当重要的是空间因素：改革开放与全球化。这是华为过往 30 多年最大的优势环境，没有这样一个外部空间，像任正非这样的人，尽管拥有极大的抱负和野心，也不可能揪着自己的头发离开地球。

第二点，特区环境下的制度创新。华为这样一个接近 9 万人的员工持股制度，在四五年前，如果在深圳之外、广东之外依然会被称为非法集资。30 多年前，正是深圳这个中国最早的经济特区之一赋予了华为重要的制度试验空间，即人才雇佣资本的创新试验。

《华为基本法》凝结着任正非整 10 年创业实践的得失总结，以及关于如何办企业、如何管理知识型劳动者、如何凝聚员工进行价值创造、如何进行价值分配等许多极富理想主义色彩和实用主义精神的思考，中国人民大学的几位老师把它逻辑化、系统化了。

《华为基本法》给华为确定了一个崭新的制度设计，这个制度设计就是劳动者加资本人的双栖制度。但在资本人跟劳动者的关系中，华为的核心价值观强调“以奋斗者为本”，从而界定了华为不是一家股东利益最大化的公司，而是一家劳动者优于和先于股东进行价值分配的制度创新公司。

这是一个了不起的企业制度试验，但前提是法律允许、政府批准。前提的前提又是什么呢？改革开放与深圳特区的先行制度试验。

所以，早期的华为，可以说是资源贫乏背景下的“无中生有”，非物质资源、制度创新的力量在华为的发展历史中，起到了巨大作用。

第三点，创始人野心宏大，高层领导群体头脑不发热，拒绝机会主义，拒绝多元化。在华为从小到大的发展历程中，任正非和高层团队带领十几万人始终聚焦主航道。

最后一点，也是根本的企业文化要素，就是华为始终坚守“以客户为中心”。

西方公司为什么在与华为30多年的竞争中，从早期的傲慢与不屑，到后来大多数走向衰落？这和多数西方公司是上市公司有很大关系，它们都走了资本最大化的道路，是资本意志而不是企业家的意志在左右这些西方企业的长期战略。而资本是贪婪的，更是谋求短期回报的。欧洲国家和美国有一批伟大的商业战略家，但他们常常要屈从于股票市场的短中期波动。

还有对客户的傲慢自大。在华为创立的1987年，通信行业的西方公司平均司龄99岁，它们普遍拥有强大的资本优势、人才优势、技术与产品优势和良好的管理。但这些资源优势也是劣势，是一种富营养症带来的劣势：傲慢、超高利润和低服务。

20 多年前，西方公司进入中国市场时，把乙方做成了甲方。我访谈过一些国内运营商主管，他们都讲到当年华为跟西方公司的一个重大区别，西方公司的确技术一流、设备一流、人才一流，但它们在最关键的地方出了问题，就是对客户的居高临下。

一位邮电局的老局长跟我讲，说他当时根本瞧不上华为，但外国公司的产品价格太高，服务也跟不上，而华为对客户特别好，在产品很烂、技术能力很薄弱的情况下，把服务做到了极致。

老局长说，他们的人经常对华为员工表现得不耐烦，动不动就把他们批一通甚至骂一顿，但华为人总是满面笑容，出了问题 24 小时响应，半夜两三点去机房里修设备是常事。一个把客户真正当作上帝的人，即使一时产品差一点，客户也会原谅他、接纳他，愿意给华为更多机会。当然，华为也确实争气，在市场成功的同时，把能赚到的钱都投入到研发中，所以技术和产品也越来越好。

赢得一场战役靠的是军事力量，打赢一场战争需要的是精神力量。空间环境是精神力量的试金石，阵地战比拼的是组织意志。今天华为在全球 170 多个国家有市场分布，我走过非洲、中东的一些落后国家和地区，发现这些市场都是华为人一点一点用血与泪的付出啃下来的，用巨大的牺牲精神、奉献精神一步步拼下来的。

20 多年来，西方公司节节败退，华为一步一步地把西方公司的传统市场乃至于今天的欧洲，包括北美的一些发达国家的市场拼下来了、啃下来了。很显然，竞争背后比拼的是文化的韧性，是制度的健康度与力度。

## 怪圈：富营养症表现种种

从一种绝对的非对称竞争态势，经过二三十年的精神实力、文化实力、制度实力的比拼，华为终于在全球大棋盘中与西方公司进入了对称竞争时代。对称竞争时代华为的优势是什么？可能的劣势是什么？

从资源的角度讲，华为今天基本可以称作强技术和强产品、强人才和强管理，与自己的过去相比也拥有了强资本（若与全球性高科技企业横向比较，仍是一家“穷公司”），当然，这个强管理主要是向西方企业比如IBM、向竞争对手比如爱立信与诺基亚、向美欧日等的咨询公司、向美国军队学习的。

但是，我们看这种强，似乎有一点眼熟，因为西方公司也曾经是强资本、强技术、强人才和强管理，那么，它们曾经患上的一些病症，今天的华为是否也会患上，甚至已经患上？比如说富营养症、技术路径的依赖症，还有管控过度症？

管理的表面优良并不代表着企业的强竞争力，因为许多西方公司曾经都是管理优良的公司，但是它们为什么衰落了？还有华为是否已经有官僚体系的过度理性化症状？科学管理把西方的商业组织从混沌和无序带向了秩序化、理性化，带向了高度科学化的管理轨道。但管理毕竟管的是人，人之复杂，尤其是人的集合体的复杂，很显然靠简单的量化、数据化，靠简单的科学化是有巨大局限性的。

我们在前边讲了活力是组织之魂，但今天的很多所谓科学管理、理性管理，走向极端的结果就是条条框框过多，大量的规则尤其是规则的烦琐化，扼杀了组织中个体的活力、群体的活力。

《清教徒的礼物》中讲了一个故事，说 20 世纪 80 年代前的美国企业，发现了蛇，马上会有人把蛇杀死。现在发现蛇，则需要层层汇报，到了上面赶紧成立一个屠蛇委员会，屠蛇委员会还不够，还要成立屠蛇顾问委员会，成立各种各样叠床架屋的机构，议而不决，决而不执行，人人都为过程负责，不愿意为结果负责，不愿意去承担。结果蛇有了儿子，有了孙子，蛇子蛇孙遍地蔓延。这是很多成功大组织进入管理高度规范化、理性化阶段普遍存在的问题。华为会不会患上同样的病症？

我的观察和研究认为，有三个“组织黑洞”值得企业领袖警惕，这也是任何组织都无法避免的三种负性现象。

第一个黑洞是腐败。腐败不只是行为上的腐败，还包括思想上的腐败。其实，整个人类史也是一个不断滋生腐败、不断反腐败的动态循环史，腐败永远像韭菜一样，割了一茬又生一茬。东西方历史皆如此。

第二个黑洞是山头现象。人类本性中的不安全感，使人本能地想要抱团，这种抱团在组织中利用得当，可能就是凝聚力，但如果组织中出现了主流之外的亚文化抱团现象，并且警惕和防范不力，任其发展，则会滋生大大小小的山头，大大小小的利益集团。贪婪是基于人性的，不安全感是基于人性的，懈怠也是基于人性的，正因为人性的缺陷带来了任何制度先天的缺陷，所以我们才要进行制度变革。

组织的第三个黑洞是组织疲劳症。曾经充满活力、充满激情的一群人，聚在一起创办企业，比如创办华为，有好的激励制度，如劳动者普遍持股制、好的薪酬制、好的中短期激励等，但这些激励措施能够让这一群人或者更多的人持久充满激情吗？当然不能。追求舒适是绝大多数人的天性，只有少数人是那种与生俱来拥有使命感以及永远自我警醒、自我鞭策和奋斗的人。

一个好的组织，基业长青之道的根本是什么？就是要和组织中的懈怠现象持续进行斗争。

总之，我们说腐败、山头和懈怠现象，它们都源自人性的贪婪，人性的不安全感，人性中追求舒适、追求安逸的本能。那么，对任何组织领袖来说，可能他掌舵的每一天都要像永动机一般去自我革命，进而引领整个组织去进行变革，折腾自我，同时折腾组织。

我们还要注意到，这三大“组织黑洞”并不是独立存在的，它们之间有关联性，甚至存在链式反应，这就形成了关于前述组织公式的另外一种解读，可能是一种怪圈。

在资源短缺时，创始人通过精神的力量牵引，激发组织中的每个个体，激励整个组织去奋斗，其目的就是要形成更好的技术积累、产品积累，以及更多的资本积累，但是你会发现什么现象在悄然形成？资源增长与活力激发之间并不完全呈现线性的正相关。

通过奋斗与努力，资源越来越丰厚了。然而，组织尽管拥有了雄厚的资本资源，雄厚的技术资源、人才资源和貌似良好的管理，却面临着近乎宿命的现象：资源诅咒症。比如，激励的资源丰富了，激励却呈现出了弱效应，甚至激励失效，很多大公司都存在这样的现象。激励有可以量化的物质激励，有显性的权力激励，有无法量化的非物质激励，比如荣耀感的激励。这些激励资源怎么去组合，其实也是无解的话题。

## 忘记完美，以最开放的举措实现组织熵减

任何组织都有与生俱来的阴面和阳面，这就像人的身体一样，有致癌基因，也有抑制癌症的基因。为什么今天癌症患者的数量越来越多？这与人的寿命大幅延长有一定关系。

对于组织来说，同样如此。一个组织发展到一定阶段，就会滋生各种各样的问题。组织永远面临着正能量与负能量的较量和赛跑。同样，组织衰变就像人的衰老和死亡一样，是永恒的主题。但人类跟其他生物巨大的不同是，人类有强大的自我挑战意识和自我修正能力，并拥有与宿命抗争的遗传积淀和本能力量，这是人类进化最了不起的

成就。

人类数千年来发明的自我批判机制、创新机制、变革机制，是人类一切优秀组织，包括优秀个人所拥有的独特生存秘籍。

所以，我们虽然认识到组织的衰变是永恒主题，但同样要充满信心，通过批判与变革，把组织带离迅速衰老的轨道，让组织活得更长久一点，同时更健康一点。所以从这个视角讲，组织要忘记完美主义，不断地、持续地进行自我批判和自我变革。

自我批判只能是消减熵增的有效工具，而不能从根本上消除熵增。华为的民主生活会、自律宣誓活动，在华为内部大家非议不多，但外面个别学者却不以为然。我的观点是：一切人类组织关于组织建设和组织批判的一些有效措施，为什么不能拿来主义为我所用呢？而且这到底是有效的还是无效的呢？比如说民主生活会，我认为华为能够健康地，或者相对健康地走到今天，跟华为诞生之初，任正非在公司所坚持的民主生活会有很大关系。为什么呢？一个组织问题越堆积越多，大家你好我好，这是相当危险的。当问题全面爆发时，再用很激进的手段去处理，组织可能就崩溃了。所以，定期地开展中高层干部的民主生活会是很重要的组织自洁机制，就像我们要经常打扫卫生一样。

再讲讲高层宣誓活动，从廉政宣言到作风八条，员工看到表象是一群人在那儿举举手，但背后的深意则是把领导者们置于十几万人的监督之下。你在台上举着手说自己要做到什么，不能做什么，但是说到了却没有做到，甚至反着做，就叫言行不一致，言行不一致带来的后果就是员工对你、对领导层的普遍不信任。

当一个领导、一个高层管理者被普遍不信任时，要么组织出问题——组织出问题对公司来说就是溃散性的文化异化，要么个人出问题，领导者至关重要的一点就是权威性，而权威不是你拥有那个职务就拥有那个权威，而是你的言行一致所带来的威信累积支撑起来的。

讲讲心声社区。心声社区这两年越来越热闹，我也经常在看，也经常被心声社区所批所骂。心声社区是华为的民主广场，是一个虚拟的罗马广场。

我前一段时间跟财经体系的人交流，一位部门负责人说："我们的财务报表一定要做到最真实，没有任何的水分和虚假，华为的财务报表一定是中国最真实的，在世界上应该也是前几位的。华为的财务报表既不为股东负责，也不为业务部门负责，当然也不为老板负责，我们只为真实负责。"他接着说："假使我们的财务报表有问题，心声社区的舆论就会让我们下不了台……"

这就是民众广泛参与的力量。一个组织如果无视舆论，公司的高层领导集团如果无视广大员工的声音，就有可能走向封闭，走向自我禁锢。心声社区是盘旋在华为十几万人头顶，尤其是各级管理者头顶上的猫头鹰，是一个大众参与和大众监督的平台。

今天的华为已经成为全球通信行业领导者之一，恰恰在这样的背景下，走向衰落乃至于走向垮台也不是危言耸听，因为华为曾经的竞争对手就是在鼎盛期走了下坡路。所以，华为必须要有更开放的姿态，在开放体系下，才可能有效消减熵增。

在心声社区你会发现，那里既有大量的正面表扬，也有很多尖锐的批评、批判的声音，而且这些批判、批评的声音，恰恰反映出 19 万人中的多数对公司的生死存亡是有使命感、有责任意识的。

因此，能够打败华为的只能是华为自己，能够拯救华为未来的也只能是华为自身，是华为的 19 万名员工。

下面，我们从几个方面看华为怎么去激荡正能量，消减负能量。我们说任何组织、任何人都有阴面和阳面，对华为来说，首先当然也要从自身的正能量中去开掘、开发战胜负能量的因子。

如果从心声社区某些尖锐批评的文章和后面的跟帖看，你可能会觉得华为充满了问题，明天就要完蛋了（事实上，客观、理性甚至偏激一点的批判性声音是很重要的正能量，批评言论指向的问题才是负能量）。但是你看同样是心声社区上的另外一些文章和跟帖，又充满了正能量。

还有，比如说这几年，我和公司的一些同事编写的《枪林弹雨中成长》《厚积薄发》《黄沙百战穿金甲》这三本书，当然也包括公司的“明日之星”的评比等，这些行动其实都在张扬组织的正能量，把华为好的基因、好的文化最大程度地张扬开、传播开。

不讳言问题，同时也要看到阳光向上的一面；暴露和剔除问题，同时树正气、扬正风，两者都要强才行。

## “换血”与“输血”，组织年轻的唯一选择

变革是让组织延缓衰老、保持青春的唯一选择。组织的衰变、疲劳和最终的消亡跟人一样，长期看具有不可逆性。时间之矢，会把任何事物都带向无序和混乱，包括最终的消亡。

华为也是会死掉的，但是华为今天所有的努力，以及一切有识之士在任何组织中，包括国家组织中所做的一切努力，都是要让组织能够活得久一点，活得更健康一些，少一些病态现象。其中相当重要的举措就是要保持整个组织的开放，持续进行组织变革。说得直白些，就是永续折腾，以延缓组织衰老，本质上是组织的“换血”与“输血”。

组织没有新鲜血液、新鲜力量的输入，就会走向血管硬化，走向组织僵化。尤其在充满变化和残酷竞争的时代，组织的“换血”与“输血”是必然选择。

我们看华为过去的一些事件，如市场部大辞职，包括 7000 人的“辞职门”，很大程度上就是组织内部的“换血”与“输血”的变革。每年总有一些人因为各种因素退休或离开，但同时公司还在不断招人，任何公司都如此，任何组织都必须如此。我们前面讲了资源跟活力之间的关系，在资源短缺时，组织中的个体跟群体有强大的饥饿

感，正是饥饿感带来个体的持续奋斗精神。

但是，这种个体的奋斗精神能持续到什么时候？因人而异，因境而变。这是一个冷峻的话题，也是严峻的现实，对任何人、任何组织都是挑战。我们必须清醒地意识到的一点是，在一个貌似强大的组织中，一定会有人富而腐化，在居高位之后而慢慢懈怠，警惕不够或者跟不上变革，这会像瘟疫一样在整个组织中悄悄蔓延，久而久之使组织从上到下患上富营养症。

我们假设下，有一些或者相当多的人，在早年加入华为时，他们是有饥饿感的，“一贫如洗”推动他们奋斗、奋斗、奋斗，努力去赚钱，改变物质贫穷的命运，但在富裕起来后，在没有了物质的饥饿感后他们会如何？

马克斯·韦伯在第二次考察美国时，看到一些现象，他有一个很深的忧思是，财富对清教徒来说，本应是“轻飘飘的斗篷”，随时可以把它扔掉，最后却变成束缚人的铁笼，人们不再奋斗了，不再努力了。

小公司难，大公司也不易。穷而难，穷则思变；富亦难，富而懈怠。我非常理解任正非关于华为在新阶段要大力倡导精神文明的观点，物质激励是基础，是激励的原动力，但它并不能在个体、群体活力的激励方面持续有效，会因人因时产生饱和效应，而精神的“饥饿感”则具有无限的延展性，在激励手段和方式上也拥有更广阔的想象空间。所以二者一定要并行使用，并重实施。

饥饿感带来个体活力的张扬和组织激情的迸发，是符合人性的基本假定的。华为这几年规模性的破格提拔，也是基于这样的理念而形成的。研发体系 2000 名将士奔赴市场一线，首先给予提级，甚至连提两级、三级就是具体事例。过去 30 多年，华为跟运营商之间的关系是相对单纯的供应关系。但今天很多国家的运营商 3G（第三代移动通信技术）投入都还没有形成利润，更何况 4G（第四代移动通信技术）呢？所以运营商面临的是迷茫，面临的是我用了你的设备，用了你的解决方案，怎么能够有利润，能够发展得好的问题。所以传统的买卖关系可能要变成共同面对未来、探索消费者新的需求增长点这样一种紧密合作关系。所以，2000 位研发人员到一线去的目的之一，就是跟一线的市场人员和客户从技术视角和新商业模式视角携手探索未来。但另外一个重要目的是，在激活市场组织的同时，进一步激活研发组织，产生一举多得的变革共振效应。

再举一个变革的例子。华为前不久颁布了“日落法”，美国总统特朗普在葛底斯堡的演说给公司领导层带来的启示是：有一个新政策出台，就砍掉两个旧政策，一个新的流程出台就得砍掉另外两个旧流程，这也是相当重要的变革举措。

还有，华为坚持不上市，自创立以来一直奉行人力资源投入高于财务指标追求，研发投入长期超过利润 2 倍左右甚至更多的原则，这一方面体现了公司领导层面向未来的战略图谋，另一方面也是为了避免掉入“资源诅咒”的陷阱。在全球大型高科技企业中，从资本资源的角度看，华为也许是一家“穷企业”。

## 活力指数与活力指向：组织兴衰之本

前面我们阐述的核心观点是：活力是组织之魂，懈怠是组织之癌。资源驱动活力，然而，随着时空条件的演化，两者之间并不总是正相关，甚至呈现出负相关，即组织个体或整体患上富营养症，带来资源对活力激发的弱效、无效现象。组织活力指数的高低、强弱关乎组织的兴衰存亡。

但是，我们还必须格外关注一个根本：活力指向。

在资源与活力的动态转换过程中，资源持续的累积来自哪里？无疑是来自客户。那么，组织中个体与群体的活力指向——唯一的活力指向，也就只能是客户。

任正非20多年前讲“客户是华为存在的唯一理由”、华为核心价值观的首条是“以客户为中心”，我个人理解，其本质内涵就是为组织中的奋斗行为确定了清晰、坚定的方向，也即“活力指向”——管理者以各种各样的方式、手段激励员工持续充满活力，但活力必须直接或者间接地面向客户去释放。而对员工、对部门的价值评价和价值分配也当然只能是基于直接或间接的价值创造。那么，价值创造的源泉来自哪里？客户，只能是客户。

我访谈过一些前华为员工，有多个人对我说，在华为时觉得人际关系复杂，离开后才觉得华为比外面单纯多了，关键是，在华为薪水多少和提拔快慢主要是看员工直接或间接对客户的贡献，对公司业绩的贡献，不需要花太多心思去琢磨别的，华为的“上甘岭上出将军”还真是说到做到的。

反过来讲，假使哪天华为的“将军”晋升路标变味了，异化成了逢迎拍马者上、价值创造者靠边站，组织中的确是“活力四射”，但“四射”的方向是各级上司而非客户和创造价值，人们都很忙，忙于跑圈子、走门子……这样“充满活力”的华为要不了多久就会倒下，就会垮掉。

因此，华为的“奋斗者”是有明确定义的，核心价值观的三句话有严密的内在联系和内在逻辑，离开了任何一句都是残缺的、不完整的——“长期艰苦奋斗”讲的是活力，“以奋斗者为本”讲的是活力激发，“以客户为中心”讲的是活力指向。

然而，“以客户为中心”才是价值观之纲、之本，怎么反复强调都不过分！我读黄卫伟老师的三本书，最深的体会是：任正非实在是位“捣糨糊大师”！30 多年来，任正非讲话数百上千次，花样、用词来回变，但从没离开这三句话和“坚持自我批判”，尤其“以客户为中心”这句话，大概是讲得频次最多、频率最高的。今天回头看，华为 30 多年的成功无疑与此有极大关系。

正由于此，自我批判与组织变革，也一定要有明确指向：要围绕维护和坚守核心价值观而展开，不然的话，自我批判也会异化，变革也会走形。

当然还要看到的是，组织必须不断扩张和发展，不能守成。我在几年前访谈徐直军时，谈到为什么要搞企业网和终端业务，印象极为深刻的一点是他的回答：不扩张，这么多人怎么办？

我理解背后的潜台词是：一个大组织，一大群雄心张扬的知识型员工，活力指向外部、指向客户，公司则兴盛发达；发展停滞或迟滞，活力就会指向内部，就会出现财富和权力资源的拥挤……那对华为绝非好现象，对任何组织也都是危险的现象。

## 变革无力症为什么是古今中外组织的普遍现象？

人类历史上的变革，很多以失败而告终，其主要原因就是变革无力症。华为会不会有变革无力症的现象发生？

我给大家带来的分享就是，对于华为的变革我相对乐观。我在公司访谈了几十位参与和主导变革的人，当然跟任正非也有很多交流，整体的感受是华为历来是在公司发展好的时候开始变革，这是华为变革的第一个特点，也是极其重要的特点。

第二个特点，华为历来在萌芽阶段发现问题并开始着手变革。所以公司早期的一些变革，经常有许多人不理解，就是因为大家觉得没有到那个程度。比如，在 2009 年任正非就开始讲，让听得见炮声的人来指挥炮火，“你们要眼睛盯着客户、屁股对着老板”。那个时候华为是什么状态呢？车轮滚滚，表面上形势一派大好，但用任正非的说法是，如果不从 2009 年开始简化管理，进行组织变革，华为今天早就出问题了。

第三个特点，华为的变革大多呈现出先试验再普遍推开的特点，坚持渐进式变革。我在《下一个倒下的会不会是华为》这本书里，有两章专谈华为的变革。你会发现，华为历史上若干次的重大变革至少都没有失败，相对比较成功，从而使公司在每一个阶段都能上一层台阶。

比如说华为于 1996 年开始的中国式的变革——推出《华为基本法》，我个人认为《华为基本法》的推行应该是中国式的思想变革。任正非说，《华为基本法》颁布之日就是《华为基本法》过时之时，今天看来他说的是有道理的。两年零九个月，几上几下的充分讨论，其目的就是达成普遍的使命共识、价值观共识以及制度设计的共识等，是要解决这样一些观念性问题。

然而，华为成为全球化公司的根本，是全面向 IBM 等西方公司削足适履地学习，这才是华为跟其他中国公司的重大区别，也是华为国际化和全球化成功的本质所在。但它又是构建在《华为基本法》这样的清洗思想盐碱地的基础上。同时期的市场部大辞职，是从组织层面进行清洗盐碱地的变革动作。

复盘华为的 30 多年变革史，它无疑在宏观框架上有相对成熟的顶层设计。变革领袖群体很清楚作为一家中国企业华为到底缺什么，走向世界华为需要向谁学习，需要改什么、补什么、建构什么，也包括节奏的把握，先改什么后改什么，这些都体现出变革领导者们的智慧与思想艺术。

有人问我，为什么华为的变革总能成功？IBM 同样在中国做了很多其他咨询，几乎没有一个是真正成功的，为什么？

我认为，相当重要的一点是华为把中式的变革跟西式的变革有效结合起来了。还有一个因素是，创始人创业时年龄偏大。任正非在 44 岁创业时，对这个世界，包括对人、对人性的认知已经进入成熟阶段，因此在拿捏变革的分寸、掌握火候方面显得老到和从容。

组织变革有最关键的两点：一是做次优选择，问题到处都是，但在诸多问题的解决方案中做相对最优选择；二是妥协，进与退的妥协。任何四面出击和四面树敌的变革，最终都是灾难性的。所以我对今天华为以简化管理为中心的变革是持乐观态度的。因为过去华为经过多次的中式变革和西式变革，积累了一整套的方法论。

最后，分享一个发人深省的细节：主持过 IPD 变革的华为某前高管讲道，西方一家大公司的高管在参访华为研发办公室时，指着员工桌下五颜六色的垫子对同行的几位主管以很冷峻的口吻说："总有一天，我们会败于华为的 IPD 和垫子文化。"

其内涵很直白：流程、规则的有序性和强大的组织活力的结合，是华为让竞争对手敬畏之所在。

今天的华为还是曾经的那个华为吗？

## 问与答精选

**学员：**请教一下田老师，盛极必衰是历史规律，华为在非对称竞争中存活下来，现在非对称竞争越来越快，我们会不会被别人打败？

**田涛：**首先“盛极”是个模糊概念，爬到了一座山顶就是“无限风光”？如果大家认为是，那公司也差不多到头了。

如果一个组织从不以当下为满足，那就没有“盛极”之说。而且，为什么盛极一定必衰？盛极必衰是普遍规律，但不是唯一规律。

人类有强大的自主意识，人类历史就是一部与懈怠和危机斗争的历史。关键是，我们有没有对盛极而衰的警觉。在几百年的世界企业史中，我们常常可以看到一些相似的轨迹，就是企业发展到巅峰状态时患上组织疲劳症，并且强而傲慢，大而自大，执行力降低，烦琐哲学，山头林立，等等，把组织慢慢耗死掉了。

这几年学术界流行的看法是小公司对大公司的挑战，主要是产品或者技术的颠覆。这不完全对，技术和产品只是术的层面的冲击，而核心是组织文化的博弈。初创企业在一开始是高度的低熵和有序的状态，比如华为当年起家的时候，发展到几百人甚至几千人的时候，组织内部的各种关系相当简单，目标就是要活下来。没有多少复杂的人际关系、企业政治问题、山头问题等，赚了钱就分。当年公司分配简单到什么程度呢，你比他高一级，他做某个事情有贡献、有成绩，你当时就决定，兄弟，给你加 200 块钱、500 块钱，不需要层层审批。

这就是当年的华为，组织关系和分配关系极其简单。

但是，组织发展到一定规模和一定阶段，就必须要设定层级，构建规则，建立秩序。这是组织变大走强的基础保障。

然而，规则与秩序会随着时间的演变而异化，甚至走向它们的反面。人性的缺陷带来制度的缺陷，人的贪婪可能无度，人的不安全感会带来抱团现象，还有财富到一定程度，权力到一定程度，金字塔顶再也上不去了，就会形成心理和行为上的熵增、形成懈怠，这些问题才是大组织能否抗衡充满饥饿感的小组织和新创企业的挑战的关键所在。

初创组织没有什么精神负累，不怕失败的初创组织是最可怕的竞争对手。华为当年就是不怕失败，大不了推倒重来。这是颠覆者必须拥有的精神特质。

华为在过去 30 多年里，无疑是全球通信技术行业最强悍的颠覆力量，但今天的华为大概很难有大不了推倒重来这样的气概。

然而，大组织也有它的巨大优势，就是抗风浪的能量足够大，只要它保持开放，持续变革，通过变革不断消减组织熵增，通过开放增加更多的负熵，增加更多的新鲜血液，内部也能够血液畅通，这样的组织就会既拥有强大的实力，又拥有强悍的执行力，小组织恐怕很难与之抗衡。

对华为在一线的执行力，我还是很感慨的。我经常讲，到机关你听到的到处都是问题，到一线尽管也是各种各样的问题，但一线那种让竞争对手闻风丧胆的战斗力，我觉得这是公司今天和未来大有希望之所在。怕的是哪一天机关僵化了，一线也僵化了，组织神经末梢丧失了强大的活力。当然肠梗阻问题、决策权过多集中在机关等问题是要下大功夫改革的。

**学员：**我对您讲的屠蛇和屠蛇委员会的事情感触很深，一方面我们不能过度理性化，另一方面看问题不能简单停留在表面，一定要研究背后的原因。我的问题是理性化与过度理性化的边界到底在哪里，这是实际工作中我们经常感到困惑的一个问题。是不是说成立这个屠蛇委员会一定不对？因为很多问题我都会告诉自己这就是灰度，但是其实我也不知道这个是不是真的就是灰度。

**田涛：**其实你已经把问题回答了，你觉得有边界吗？对领导者来说，节奏、尺度都在于你自己如何拿捏和把握。

要不要成立屠蛇委员会，要根据事情的重要程度、大小程度，根据组织的能力去做决定，一个人能力不够，那就要一群人，一群人还不够就请顾问。怕的是出了问题大家不担责，才要成立屠蛇委员会，屠蛇委员会也不担责，然后请外面的和尚来搞一个屠蛇顾问委员会。

我观察华为一线的那些主管，他们应该说还是普遍敢于拍板、敢于做决定的。但是机关就不同了，机关本来就是职能体系，不是作战一线，个人的专业素质又相对比较高，考核也不容易量化，所以经常就有人不愿意为结果负责，也无法为结果负责，只是把过程搞得很优化、很完美，并用沙盘上的完美遥控一线。这是全世界大企业都存在的问题，一个令人头疼的问题。而事实上哪有完美的制度、完美的管理？

大企业普遍存在的问题是追求无漏洞的管理，成立各种各样、叠床架屋的机构，人浮于事，为制度而制度，为流程而流程，影响和束缚一线作战。

**学员：**田老师，我非常认同您讲的组织活力，但是关于您刚才一直强调的组织要折腾，我想扮一个蓝军的角色。从历史上看，像晁错的削藩、王莽的新政，包括王安石的改革，其实无一例外都是轰轰烈烈地开展，到最后都归于失败。老子讲“治大国若烹小鲜”，但华为现在做的就是我们说的折腾。我们要折腾到什么程度？为了什么去折腾？折腾谁？

**田涛：**你讲了一个重要的问题，其实我曾专门讲过变革的节奏、方法与手段。我们一定要意识到，组织尤其是有历史的大组织，更重要的是沉淀了太多的问题，所以一定要变革，一定要折腾。但是折腾或者变革，要有一套“治大国若烹小鲜”的方法论。

比如说取舍的方法论，在所有问题中，哪些问题是当前最需要解决的。但有时候最需要解决的不等于现在就要解决。原因很简单，这样搞不好就会导致组织的巨大震荡乃至分裂。

变革达成最优不太可能，次优是可能的，这是第一点。第二，变革是一个妥协之道，不是说通过一次变革就可以彻底成功，这不可能。凡是变革成功的组织都有一个特点：理想主义加现实主义。凡是变革失败的也大多有共同点，比如乌托邦与极端主义、激进主义的混合。第三，要熬。要像熬中药一样，把各种药放在一个锅里，熬到最后分不出哪是人参，哪是枸杞。各种不同观念、利益的融合是变革相当重要的技术策略，所以需要时间和忍耐。

大秦帝国兴之于改革，败之于历史沉淀过久、过重，改革者操之过急，从而导致变革的操盘手最后被车裂。但是没有商鞅的变革，就没有大秦帝国从弱小到强大的崛起。所以变革是必须的和绝对重要的，但变革的一套方法论、变革的节奏、变革火候的掌握等，同样无比重要。

我觉得从大的视角讲，华为必须变革，必须在青萍起于微末时就要预知危险、感知问题，去折腾，去变革。但是变革要有清晰的方向，高层要有普遍共识，变革过程中要有韧性，有忍耐心，还要有极强的分寸感，把握好节奏，不能追求完美主义。

同时，重要的是要有一支强而有力的变革队伍，有一群人愿意为变革扛鼎，愿意冒风险。当然组织也要善待变革者，包容变革中出现的弯路和错误，鼓励和支持实验精神。

第 6 讲

# 不能让繁荣滋长腐化与懈怠

——《清教徒的礼物》解读

严格地讲，美国只有200多年的历史，但它的迅速崛起和强大，却不能不说是人类组织史的巨大奇迹。《清教徒的礼物》这本书从史与论的层面，抽丝剥茧地深刻阐述了美国奇迹背后的文化与精神逻辑，同时也不无忧虑甚至辛辣地抨击了过往40年美国企业以及各类组织形态的价值扭曲，尤其在组织管理思想和实践上越来越实用主义、精英主义的趋向。

这本书对中国企业有重要的借鉴意义。

在研读《清教徒的礼物》的同时，读者还可以进一步阅读马克斯·韦伯的《新教伦理与资本主义精神》。

## 清教徒们的修行之地：战场、账房、市场

《清教徒的礼物》的作者认为，美国奇迹植根于17、18世纪来自英国、欧洲其他国家的清教徒带给北美的四大精神礼物，包括理想主义的使命感、亲力亲为的工匠精神、集体利益置于个人利益之上的道德观，以及互补与共治的组织能力。

理想主义驱动奋斗、征服与冒险。清教徒自踏上陌生、蛮荒的美洲大陆起，就有一个坚定的信念："人生目标不管多么模糊，但归根结底都是为了建造人间天国。"正是基于这样一种精神力量的牵引，人生所经历的任何苦难、磨砺，以及日复一日的看不到头的平凡劳作，都被赋予了价值与意义：劳动是人的天职，生为上帝的子民，应当学会自省、自律、自制，做"俗家苦行僧"。其修行之地不是修道院，而是战场、账房、市场。把战场当作修行之地，战士当然会勇猛作战，哪怕付出生命的代价；将市场当作修行之地，商人会以百倍的努力去赚钱、去创造财富。

与懒惰相比，贪婪并不可怕。但对真正合格的清教徒来说，他们应该是世俗的——拼命赚钱，同时又是禁欲的——视财富为"轻飘飘的斗篷"，随时可以甩掉；更不能过奢侈的生活，而应该把赚到的钱用于再投资；也不能将财富传承给后人，这会导致子女不劳而获，进而剥夺子女"劳动的神圣天职"。

基于这样一种理念，200 多年来，美国社会不承认任何贵族，除了工作的人。工作是进入贵族阶层的唯一通行证。"出身高贵，不如勤奋努力"（培根）。

这是 17 世纪的清教徒带给北美的第一大礼物：使命精神和基础价值观。

清教徒带给美国的第二大礼物，我称为工匠精神，是"拥有机械天赋，喜欢亲力亲为的技师精神"。

这里面有个颇具深意的背景：1630 年，有个叫温斯普罗的人，率领着一个英国小镇上的大部分居民，历经风险，抵达马萨诸塞州。进入寒冬时节，这批拓荒者待在临时搭建的窝棚中无所事事——在漫长的冬天，几百位精力旺盛、充满欲望和期待的年轻人无所事事，这对组织领袖来说，无疑是不祥和危险的。

但是，卓越的领导者无不是故事家和人性大师。温斯普罗给追随者们编织的故事是：上帝是“伟大的工头”，因此，我们要追随上帝的脚步，让自己忙碌起来（耶稣做过 18 年木匠）。做木工、修房子……温斯普罗率先垂范，每天不是忙于日常管理，就是与佣人一起劳动。其结果是，追随者们热火朝天地做起了木工活、机械活、技师工作……个人与组织共同度过了一场精神危机。

从此，“凡事要亲力亲为，而且要有一点机械天赋”便成为传统，扎根于美国各阶层的文化之中。非常有意思的是，美国历史上多位总统，比如华盛顿、林肯、富兰克林等，都有一个共同爱好：做木工。今天很多美国人的房子都是自己动手盖的。

美国人酷爱汽车，追求速度固然是重要原因，但更深层的奥秘是“不能让自己闲着”。汽车刚被发明的时候，时速不到 15 公里，速度很慢。但美国人却从中发现了打发个人闲暇时间的机会：星期六无事可干，擦车去、修车去。

四体不勤，人就会日益走向懈怠；悠闲与懒散，将会从精神上挫败自我。

清教徒带给美国的第三大礼物：集体利益置于个人利益之上的道德观。

这一点与人们通常对美国的理解迥然不同，但事实确实如此。

300 年前的冒险家们远征长徙，经历着海上和陆地极其严酷、蛮荒的自然挑战，以及原住民的顽强抵抗、野兽蚊虫的侵扰，单个的人是很难生存下去的。唯有团结，唯有集体至上，唯有将个人利益置于集体意志之中，大家才能一起活下去。清教运动在释放个人活力的同时，天生擅长把个人团结在一起为共同目标奋斗。因此，这本书的作者认为：冒险与征服的事业，大多是群体英雄共同达成的。

这样一种组织基因才是美国之所以变得强大的本质所在。这一道德元素是好莱坞电影永远不变的主题：英雄主义 + 国家主义。而现实中的美国军队，更是这种“责任 · 荣誉 · 国家”（西点军校校训）的具体化身，历百年而不变。

大众理应有更多的自由精神与自由表达，但一个组织、一个国家的精英阶层，在保持自我个性和自由的同时，还必须有更多的承担，为了组织，为了国家，理所当然地要有更多的奉献精神和牺牲精神。

与此同时，无论精英还是大众，一个人的成功，永远离不开组织平台。过度地放大个人的能力，忽视造就个人成长的平台力量，那此人往往会成为时代的过客。

17、18 世纪的英国，曾经掀起过长达一个多世纪的北美淘金热，但将成功的群体与失败的群体对比来看，从概率上讲，前者大多是怀有坚定信仰的清教徒，后者更像乌合之众；前者拥有在北美建造人间天国的使命与理想，拥有严密的组织和严明的纪律，拥有清晰的战略和行动方案，同时更拥有深孚众望的领导者和严格的分工与协作。

这就是清教徒带给美国的第四大礼物：组织能力——能够根据大大小小的目的协调各种财力、物力和人力的能力。

互补与共治是清教类组织的基本特征。领袖和管理者们以愿景、使命和价值观牵引团队，以奖惩机制激发正能量，抑制负能量；拥有各类技能的专家、普通劳动者以智慧和体力以及各自的创造性工作，形成雁阵式的互补、共治的组织形态——“每个人都贡献各自特有的东西，造就整体的成功”。

传统欧洲社会强调出身、背景、教养，阶层意识强烈。但清教文化带给美国的是英雄不问出处，任何人只要勤奋工作、努力向上，都可以实现个人的财富梦、成长梦，也即美国梦。同理，在任一组织中，个人的发展亦是唯奋斗导向、唯结果导向，这就从根本上形成了美国 200 多年的开放精神和创新氛围。

优秀的组织一定是分层的，尽管分层级的组织不一定是优秀组织，但“火线管理层”必定是任何出色组织的核心基因。纳尔逊将军关于组织的名言是：“要想取得最终胜利，最好在开战前对下属进行深入教导，让下属在开战前有着近乎绝望的主动性……”惠普前总裁说：“我们的成功，很大程度上要归结于决策权能下放到哪一级，就下放到哪一级，通常下放到最接近客户的那一级……”

## 1920—1970：美国管理史上的黄金时代

清教徒的四大礼物造就了美国一大批龙头企业，杜邦、通用电气、AT&T（美国电话电报公司）……1920 年到 1970 年的 50 年，是美国管理史上的黄金时代。

20 世纪这 50 年是美国企业、军队、社团和国家管理的黄金时期。具体到企业，主要特点表现在：

1. 普遍的个体活力与普遍的组织活力。小人物缔造大历史。有位叫爱尔杰的牧师创作了 100 多部以“奋斗与成功”为主题的小说，塑造了一系列出身寒微，但依靠自身信念、勇气和进取心顽强奋斗，终于获得成功的男人形象。这套励志书在 20 世纪前后成为每个美国家庭的必备读物。美国社会上上下下洋溢着的一种理想主义、乐观主义的氛围，无疑和这样的清教观念的广泛传播有很大关系。

2. 一套利益共享的模式：在股东、员工、管理者、供应商、客户以及研究机构的目标和利益之间实现微妙的平衡。股东不应过度贪婪和追求短期利益，产业链的各方面都应该从企业的发展中获益；而在研发包括基础科学的研究方面，美国许多传统企业在黄金时代，都是舍得投入巨资的，投入甚至高达销售额的 20% 以上。AT&T 有著名的贝尔实验室，那里产生过多位诺贝尔奖和香农奖的获得者，而

IBM 在 17 年间诞生过三位诺贝尔奖获得者。

3. 各层级的管理者大多是从基层奋斗起来的。将军来自一线，来自战场。

4. 每个基层管理者都烙上了首席执行官的“文身”：有职、有权、有责。

5. 企业中，人人都是“组织人”。

6. 避免借贷，拒绝奢华。按照清教观念的指引，一个人“赚钱是为了建造上帝所期许的人间天国，而不是为了个人的骄奢铺张”。

7. 从世界各地延揽人才，以维持人才的竞争与合作的平衡。

8. 中层管理者是承上启下的桥梁，是组织的拱心石。

9. 自下而上、去中心化的分布式决策机制。

10. 开放的组织文化：员工有大胆创新的自由、反驳上司的自由、理性冒险的自由、犯错失败的自由等。

清教徒的四大礼物，不仅塑造了美国的国家价值观，造就了独特的美国精神和极具活力的美国文化，也进而形成了一套自成体系的美式管理思想和理念。这不仅发育和培植了一批世界级的美国龙头企业，从根本上奠基了美国的崛起和它的超级大国地位。二战之后，这些管理思想和理念又传播到了日本，松下电器等一批日本企业巨头的管理文化与制度体系，无不打上了经典的美国管理思想的烙印。

《清教徒的礼物》的作者也认为，改革开放之后的中国企业，也受到了美国传统管理思想、管理制度和文化的深刻影响。

## 镀金时代与美国的“制度疲劳”

美国不再年轻。100多年生机蓬勃的美国从20世纪80年代开始，步入更年期和衰变期：制度疲劳。美国企业长达50年的黄金时代终结了，代之而起的是金融化、工具化、虚拟化、泡沫化的镀金时代。

《清教徒的礼物》一书对此有大篇幅的揭示和抨击——“过去几年的大萧条和金融崩盘，是美国公司背离它们曾经珍视的清教传统造成的”。

自大和贪婪是罪魁祸首。与此同时，“荒唐的职业经理人现象无处不在：对所在行业并不熟悉、只会倒腾数字的MBA（工商管理硕士）管理着真正懂行的员工”，“财务工程”（“可以定义为只是耍小聪明”）取代了工业工程（真正创造价值的活动）。首席执行官的薪水是普通员工薪水的400多倍，而不是过去那个比较合理的25倍。

定量分析管理绝对化。泰勒与泰勒主义将西方管理带入了理性、科学的轨道，但同时也将丰富、生动、复杂的管理变成了干枯的标本，带进了教条主义、机械主义、形而上学的窄胡同：不能测量的就不能管理。通过统计的镜头看世界，以此制定关系组织生死的决策。而量化、数据化统治一切的后果是，操纵数据、伪造数据和揉捏数据风行，数据泛滥，真理稀有成为普遍现象。

传统清教徒带给美国的四大礼物，使得大大小小的组织被理想与使命所牵引，上下一心，胜则举杯相庆，败则拼死相救，“无边界”

的文化使得人人成为责任的承担者，员工以组织为荣，组织为员工而自豪，整个组织充满活力。而科学管理对流程、分工、责任的过度细化，使得组织变成了一架冷冰冰的机器。组织不再温暖，员工在缺少了归属感的同时，也就失去了激情与创造力。

专家至上。而区分专家与非专家的唯一尺度是：文凭高低、是否来自名校，比如哈佛商学院（《清教徒的礼物》一书对哈佛商学院的批评尤其犀利）。

自上而下的运营模式。CEO（首席执行官）是一个“灾难性的发明”，其假设前提是：帝王般的CEO一个人知道所有的答案。这带来了20世纪80年代以来，美国大企业的“成也CEO，败也CEO”的现象。

职责由若干专家分担，造成责任不清：成功了一起抢功，失败了，无人主动担责。

会计师被神化，人事管理者被神化，咨询顾问被神化，而他们本应是“参谋部”成员，等等。

## 流行病：精英崇拜与“帝王式统治”

《蓝血十杰》是一部高级职业管理者群体的经典传记，也是一部深邃的科学管理研究与反思的专著。该书的前300多页记述与探索的是基于理性、事实、数据之上的科学管理的巨大价值与成效，后300

页则是对其走向极端化、教条化的尖锐批判。这些血液都是蓝色的“数字人”、每一个细胞都跳动着“高贵”与居高临下的精英，曾经在20世纪70年代前后，在美国商业、军队的组织变革中掀起了巨大旋风，大大推进了美国企业与军队的管理进步，又带来了一系列灾难性后果。“从来没有人做得如此成功，又如此失败”——这是媒体对十杰之一、哈佛大学教授出身的麦克纳马拉的精准评论。

数据统治一切，财务人成为公司灵魂。财务永远有好财务与坏财务，坏财务的标签是：把高管层与坏消息隔离开来；造假盛行，虚拟盈利以操纵股价；玩弄“经营魔方”。好财务则是独立的、有道德底线的，“只为真实负责”，并参与和协同业务体系，聚焦在真正的价值创造，而非办公室的数字游戏上。但可悲的是，在股价导向、资本导向的时代，好财务稀少，坏财务大行其道。因此，标榜客观立场的第三方机构——会计师事务所空前活跃，但第三方也常常与坏财务同流合污。

超级实用主义文化主宰公司方向与战略。利润至上，决策被股价牵着鼻子走，过度追求成本控制，研发投入不足……郭士纳曾经执掌的IBM的所谓“大象跳舞”，实施的就是这样的变革方略。这也是造成IBM短期重生、长期衰退的重要根因。IBM曾经是一家充满使命精神的理想主义公司，MBA出身的专家型CEO郭士纳将IBM带入了实用主义的泥潭。

麦肯锡，这家全球顶级的顾问公司，却是葬送全球曾经顶级的通信公司 AT&T 的杀手。麦肯锡关于无线通信发展前景的极端保守、悲观的预测，导致 AT&T 这家拥有贝尔实验室的伟大公司错失了人类历史上最大的一次通信盛宴，以至于辉煌不再，长期在衰退的边缘徘徊。

量化分析和科学管理的极端化，“言必罗马、言必数据”的教条主义，抹杀了组织灵魂。企业中员工的知识、经验、士气、诚信和敬业程度，这些非理性的东西如何量化？“如何换算成美元”？

宗教带来繁荣，而繁荣摧毁宗教。马克斯·韦伯在 100 多年前敏锐地发现了新教伦理与资本主义的天然联系与因果逻辑，并为之欣喜。但正是这位先知般的伟大智者，以其超前的思想刀锋，又同时划穿了人性的悖论所带来的制度悖论：世俗的欲望对理想的销蚀。奋斗造就财富的增长，造就繁华，但财富却从“轻飘飘的斗篷”异化成捆绑奋斗者的牢笼。金钱不再是缔造人间天国的手段，而变成了目的本身。繁荣滋长腐化与懈怠。

同样，在科学管理风行的 20 世纪，特立独行、有点另类的管理学家德鲁克也大声警告：企业的首要利益相关者是客户。如果客户不满意，其他任何事情都免谈。德鲁克企图让被扭曲的管理理论与实践回到传统精神，回到常识层面，回到本源。

## 醒世警钟带来的几点思考

毫无疑问，《清教徒的礼物》一书对当今西方管理潮流及其灾难性后果的批判是深邃的、及时的。美国正在背离其赖以强大的观念与制度逻辑："理想主义 + 物质主义"的双轮驱动。精英与专家阶层主导下的金融资本主义从根本上危害着美国的制造业和实体经济，并带来价值观的分化和阶层的分裂。这是一部具有醒世警钟意义的管理学巨著。

然而，这本书的深刻与片面也呈现出极其鲜明的特色。很显然，作者对泰勒主义和商学院的全面否定是失之偏颇的，对旧时代传统管理的过度推崇也失之于客观。如果没有泰勒所开启的、一大批管理学家跟随的卓越研究，以及商学院专家和学者们对科学管理的系统性贡献，企业和国家的管理还将停滞于混沌期。而正是制度化、规范化、数据化的出现，才大大提高了过往百年的组织效率。

当今，全球企业管理的重大痼疾是：专家主义、实用主义、股东利益最大化等管理思想与实践走向绝对化，这是需要警惕的，甚至需要进行矫枉，但不可从一个极端走向另一个极端。

商学院是培养职业经理人的摇篮，而不是培养组织领袖、创始人、企业家的所在。也许军队院校比如西点军校、抗大（中国人民抗日军政大学）、黄埔军校等才是锻造将军、统帅、领袖、企业家、政治家的最佳场所。但更重要的是，领袖是打出来的，领袖的视野、意志、品格既来自天赋，更源于战场、商场。

领袖与职业经理人、专家各司其位，共治互补，缺一不可。

# 第 7 讲

# 疯子、天才与聪明的组织

## 冒险的悖论：创造风险，规避风险

我们今天生活在一个名副其实的大时代。大时代意味着大混乱和大动荡，包括政治和社会混乱，从发达国家到发展中国家，各个国家内部的社会冲突、阶层对立和观念撕裂，似乎都进入了火山活跃期。虽然国家之间、民族之间、经济体之间的摩擦自二战以来从未停止过，但总体上与人类历史上任何时期比，二战之后都应该是一个罕见的长时跨度的和平期，或者叫火山休眠期。但是这几年情况有点不妙，世界变得越来越躁狂，无论是政治、经贸、意识形态，还是军事，方方面面都在聚集着大动荡的乌云和风暴。

科技，也同样进入了大混乱、大混沌的时代。不确定性，日益成为科技发展的长期趋势。对于华为这样的世界领先的信息技术企业来说，面临的挑战是多重叠加、无比艰巨的。

本质上，技术就是技术，商业就是商业，但有些国家和有些政客非要给你贴上政治的标签，阻挠、打压你的发展。与此同时，作为一家行业领先企业，如何像普罗米修斯一样，在技术的山巅为人类盗火？过去 100 多年，西方有一批这样的伟大公司，它们既是尖端技术的投资者，又将许多实验室的科技发明产业化、普及化，从而大大改善了人类的生存，引领了人类物质与精神文明的发展。今天的华为就是要有这样的野心、霸气，有这样的人类使命精神，在今后 20 年、30 年，与那些身处技术前沿的世界领先企业一道，为人类未来的新文明做“盗火者”。

当然，企业不是大学，不是纯粹的科学团体，即使是谷歌、微软、亚马逊这样的顶级高科技公司，IBM、惠普这样的传统高科技企业，它们也面临的共同问题是，寻求探索与开发之间的平衡。华为曾经是一个以产品开发见长的优秀公司，正是一大批充满智慧和奋斗精神的“工程师商人”，高度聚焦于客户的眼前需求、现实需求，将华为从一个不起眼的“蚂蚁”快速催化成一个大公司，但华为人并不满足于此，因此才有过去 10 多年观念和组织的转型：从“工程师商人”到“科学家 + 工程师商人”，才有 5G（第五代移动通信技术）从基础研究到技术、产品开发的世界领先，在华为遍布全球的数百个实验室中，有许多是在从事面向未来的探索。2015 年，华为明确规定，每年研发投入的 20%~30% 要用到基础研究中。

探索是华为未来重要的创新使命，而探索面对的问题就是风险，所有的探索无不构建在失败、浪费这样的冒险之上。风险是人类生存的必要、必然的特征。假使我们的先祖不敢冒险尝试某些陌生的植物，那我们今天赖以存活的稻谷、小麦、蔬菜、水果等都不会有。假使人类祖先不敢跋山涉水，就不会有遍布地球的人类后代。石头变成石器，还有火的发明，是人类最具颠覆性的创新，但这些原创发明是和冒险、殉难密不可分的。

同时，人类在冒险过程中，又本能地形成了关于冒险的悖论，既要玩火，又不能引火烧身。既要创造风险，又要规避风险，这样的悖论思维在人类几百万年的演化过程中已经成为一种基因。一个好的商业组织，假使在冒险和避险之间找到一种悖论的平衡，那么这个组织既是发展的，又是相对安全的，当然它是有未来的。

大家千万不要忘掉乔布斯。在乔布斯去世后，《时代周刊》有一篇文章我印象特别深刻，说 100 年之后人类还会铭记乔布斯，因为这个人以巨大的梦想精神和巨大的冒险精神颠覆了人类传统的生活方式、交际方式、思维方式。未来手机这个终端还是不是手机，我不知道，但我们绝对清楚，它在今天和未来对人类的生存模式将会带来巨大的影响，甚至会重新定义人类文明。

乔布斯是亿万人中的异类，拥有经典骑士般的使命感和疯狂。

我从少年时期就看大量的人物传记，尤其是政治家和科学家的传记，这些年看得比较多的是欧美企业家的传记。在这些卓越人物包括乔布斯的身上我的深刻感受是，人类不是用理性来实现自己的目标，而是用激情与意志战胜自己的怯懦和保守。人类的科学史、商业史，包括人类对自然的探索史，大多是某一个疯子般的领袖用理想的旗帜牵引了一大群的追随者，然后实现了某种不可能。华为不就是最经典的案例吗？

但是，我们还需要另外一个人或一种机制，叫作理性的化身。苹果公司今天的领袖库克是一个理性主义者。2012 年，我写《下一个倒下的会不会是华为》，在书中对离开乔布斯、由库克掌舵的苹果公司的命运有明确的判断。苹果是疯子创造的，但是疯子走了，留下来一个资本代言人，一个典型的资本至上而不是以梦想来牵引苹果的职业经理人，这个职业经理人把苹果公司的市值推到了上万亿美元，所以他是资本最好的代言人，但是，他会让创新受挫。

完美的科技组织应该是乔布斯加库克，或者是乔布斯加理性机制。苹果最辉煌的时期是乔布斯加库克搭台唱戏，他们俩是最佳搭档，在探索与开发的双频舞台上跳探戈。设想没有库克的苹果，乔布斯这个疯子会把苹果带上巅峰，也极有可能让苹果从巅峰坠落渊谷。库克让乔布斯成了完满的、不朽的英雄，而苹果却在乔布斯离开后逐渐褪去惊艳，除非新的天使——“乔布斯二世”降临。

世界是由常识构成的，但这样的一个人类社会没有色彩，无法让人激动。所以人类也需要梦想和冒险，正是想象力和对风险的偏好把人类从蒙昧时代带到今天这样一个令人无比激动，同时又无比恐惧的时代。

常量靠理性，变量靠想象力。我觉得对 2012 实验室、海思来说，这两种东西都需要。但是，对今天的华为来说，变量之多之复杂不可想象，所以想象力就显得尤其重要。我们有多少人拥有丰富的想象力，我们的组织对人的想象力，尤其是对极端的想象力有多大的容忍度和欣赏度，是华为走向伟大或者平庸的相当重要的辨识标志。

## 关于疯子与天才

詹姆斯 · G. 马奇是领导力研究领域的“大师中的大师”，他的书对我的影响很大。他不仅很早就具有学术界公认的地位，而且在多个科学领域都有研究，还写了 8 本诗集。马奇对领导力的思考很值得我们借鉴，比如“疯子”“天才”这样的概念。本文的许多内容都得益于马奇关于领导力学说的启示。

天才与疯子大概是离上帝最近的“外星人”，现今人类生活的 99% 是由这些天才和疯子来定义的。什么是疯子？挑战上帝规制、世俗规制、人类当下认知极限的理想主义者，是虔敬的、富于热忱和罕见激情的使命家。某种程度上，正是一代又一代的“疯子”，把人类从一个又一个的不可知、不可为带到了可知与可为，从蒙昧时代带到了理性与科学的时代。

人类仍然需要“疯子”引路，需要女娲与普罗米修斯，需要补天者和盗火者。然而，客观地讲，至少过去 500 年，我们中国在科学、艺术、哲学、经济学等领域对人类的贡献有限，“有人统计，科学界有 4000 到 6000 多条定律或定理，犹太人占世界总人口数不到 1%，贡献15%；中国人一直占世界人口20%左右，贡献率不到1%”。这不是因为智力差异，中华民族的聪明智慧恐怕是任何人也无法否认的，也不是因为我们缺乏冒险家和使命家、缺乏“盗火”的疯子、缺乏理想主义者，问题应该出在文化与环境上。

“枪打出头鸟”的文化哲学怎么能够诞生爱因斯坦——一个“不务正业”的妄想者？怎么能够产生牛顿——不就是苹果掉在地上，有什么可吹嘘的？怎么能够容忍霍华德·休斯——一个伟大的飞行冒险家同时又是一个强迫症患者、一个“代表着美国时代”的伟大企业家同时行为又极度乖张、一个被总统接见过的大众偶像同时又是瘾君子？我们的社会与舆论环境会包容乔布斯和埃隆·马斯克吗？我们的家庭教育、学校教育、社会教育会崇尚个性的张扬吗？会鼓励幻想、妄想、梦想吗？

有论者说，贺建奎就是深圳的哥白尼。可惜这样的离经叛道者被压制了。

天才和疯子从来都是在反对者营造的不宽容中确定真理。反对者更多的是旧秩序、旧概念、已知体系的卫道者，他们更多的是用确定性的标尺去检验和衡量不确定性事件和不确定性想法，所以天才和疯子这些异端的人和异端的力量，常常在组织中被排斥、被打压、被边缘化。

天才和疯子在什么时候能够被组织和大众认可呢？很不幸、很悲哀的结论是，在组织陷入困境甚至绝境时他们才能获得理解与宽容，才能有自由呼吸、放纵想象力的空间。

我这几年经常思考两个问题，一个问题是：假使华为不是一家完全的私人合伙制企业，而是一个国有控股或参股企业，或是一家上市公司，或是一家外资参股企业，华为会不会有今天的发展？我认为不会。原因很简单，绝不会有股东容忍任正非这样的“疯子”把理想凌驾于股东利益之上，也不会有财务型股东允许管理层每年把面向未来的研发投入、面向人才的战略投入高于年均利润的 2 倍和 3 倍。这也就决定了华为企业属性的纯粹性——员工饱和持股制，这是华为的制度根基，也是华为巨大的战略回旋空间，使得华为能够不断张扬自身的创新意志，从理念创新、制度创新到组织创新，尤其是技术和产品的创新。

另一个问题更值得深思：假使过去的 30 多年华为的发展一马平川，没有经历一个又一个的外部打击和内部挑战，没有遭遇一次又一次的苦难和危机，华为还会不会有今天的成就？我认为不会，肯定不会。

没有人喜欢苦难，但历史就是这么乖谬和沧桑：苦难不一定带来辉煌，但辉煌常常与苦难相伴而至，华为过去 30 多年的危机不断逼出了华为的持续创新和持续发展。这背后有一个隐性逻辑，就是任正非常说的“家贫思良妻”。我理解他的意思应该是越是困难的时候越要重视人才、重视人的大脑，既要给人的大脑定高价，更要给空间、给自由。

华为从来都没有一帆风顺过，所以华为才在30多年间凝聚了十几万名精英。这样的因果关系正确吗？是必然还是或然？既让人迷惑，也值得深入研究。

今天的华为面临着又一个艰难期，化危为机的重要方面同样是持续和进一步加大创新的宽度和力度，以更强大的创新实力应对更严峻的挑战。毋庸置疑，为人才、天才和疯子构建一个宽松、宽容、宽厚的组织氛围至为重要。

## 喝咖啡的兔子与亲吻丑陋的青蛙

天才和疯子在人群中为什么生存得艰难？因为他们自身也有问题。他们是制度与流程的局外人。所以，我们不能用常规的方式去约束、管控这些人，比如上下班打卡。天才和疯子没有很好地被社会化，他们总是给组织制造麻烦。读科学家、发明家的传记，你会发现他们对世界的理解，尤其是对人类社会的理解总是离经叛道的，但你最后往往发现他们是正确的。

天才是危险的，他们反组织约束与藐视纪律、有极端的愿景、超自恋，还有自私，世界上的许多科学家都自私和小气。而且他们是独语者，你可能经常听不懂他们说的话，当被大众听懂了，他们能叫科学家吗？能叫发明家吗？所以他们跟普通人交流有障碍。天才的另一个特征是固执，还有对日常生活的无知等。天才会促成巨大的成功，也会导致彻底的失败。天才的成功等于梦想加偏执，当然还得有好运气。

我们要重新思考这个经典话题，龟兔赛跑，到底谁会赢？普遍的定论是，乌龟很执着，目标很坚定，方向很清晰，每分钟都按照同样的节拍朝前爬，乌龟会赢；兔子很聪明，速度快，但是兔子懒，还爱天马行空，胡思乱想，走到半路就睡着了。但是我们换一个竞赛方式，让野兔团队跟乌龟团队竞跑，谁会取胜？当然是兔子啊！因为只要有一只兔子不睡觉，胜利就属于兔子们。

我们当然要倡导乌龟精神，倡导执着与坚定，倡导韧性的战斗；但仅此，很难从优秀迈向卓越。因此，组织中尤其是研发体系中要多引进“野兔”，并且给“野兔”自由，让他们组成一个又一个的“野兔军团”。那些睡懒觉的“野兔”让他们睡吧，睡了 300 年，吊儿郎当了 100 年，有一天醒来了跑起来了，或者咖啡喝多了，也许就会有世界级的发明。任正非说，一杯咖啡吸收宇宙能量，那就给“野兔”多喝咖啡，让他们能量满满。

怎么识别天才和疯子？有一个童话故事讲青蛙变成王子。但你怎么知道哪一只青蛙会变成王子？你得亲吻啊，一只一只地亲吻，一不小心就把一只丑陋的青蛙亲成了英俊的王子。

这是一个寓意深长的故事，我们的主管，尤其是研发体系的、人力资源体系的主管，要仔细地体会其中的哲理、真理，并真诚地付诸实践。人的管理最重要的不是理性与流程，而是爱与真诚，当你投入百分之百的感情和唾液去亲吻青蛙时，既可以识别谁是王子，也可能真把每一只青蛙的王子潜能激发出来，或许运气好，你亲吻的青蛙是特斯拉，那个从上帝手中盗走闪电的流氓天才，那你可真是功德无量。让我们假定每一只青蛙都有王子的基因吧。

聪明的组织要为天才和疯子留出足够宽阔的空间，允许甚至鼓励他们自由冲撞。没有漏洞就不会有惊喜，没有漏洞的代价就是组织成了小河小渠，但唯有大江大海才能让猛龙遨游。我在《下一个倒下的会不会是华为》中写到两种组织文化，一种是鸟笼文化，制度与流程把组织充分地格式化，貌似完美到无懈可击，但这样的笼子只能养金丝鸟、鹦鹉，让花言巧语者欢欣，却不创造价值。与之相对应的另一种文化是马场文化，辽阔的草场，宽阔的栅栏，马群在一望无际的原野自由竞蹄，却又有基本的规则约束。给野马套上缰绳，让它成为战马；给孙悟空戴上紧箍咒，他还是那个手持金箍棒的齐天英雄。

## 创新是闹剧、悲剧和喜剧的鸡尾酒

什么是创新？创新是闹剧、悲剧和喜剧的鸡尾酒。

什么叫作闹剧？研发的民主氛围。让大家七嘴八舌去撞击，让咖啡真的能变成思想的火花、灵感的闪电，这就是闹剧。假使实验室、项目组还有官僚气息，论资排辈，A 先说，B 先说，C 先说，老大先说，老二再说，没有频繁的争论，没有拍着桌子争论，没有激烈的观点碰撞，那它尽管是正剧，但一定是乏味的平庸之剧。

悲剧是什么？浪费与失败。任正非几年前对曾经主管研发的徐直军说："浪费了公司一千亿元！"徐直军的回答是："是的，我承认，但我创造了几千亿元。"任正非说："你讲得好！"这段对话背后的逻辑就是，敢于冒险，鼓励失败，舍得浪费。不然，华为怎么可能在短短的30多年聚集起全球最大规模的研发团队、创造出9万多项专利？怎么可能如此快速崛起？

传统管理学关于预算的核心主张是预算平衡。的确，在常规的技术与产品开发方面，在成熟的市场开拓上，投入产出当然要强调平衡。但是对一家有远大理想的企业来说，对华为来说，过于突出预算平衡，会让自己变得保守和平庸。保守注定无法创新，没有激进的创新也同样没有未来。华为的一大制度优势是，不是上市公司，不被资本的短视和贪婪所左右，所以它敢于压强投入未来，宁可打完最后一颗子弹也要抢占技术和产业的制高点。同时，容忍甚至鼓励浪费，也能承受失败。

结果是什么呢？失败链接出成功，悲剧是喜剧之母。

但据我看到的一些内部资讯，今天的华为似乎越成熟，也越胆小了。人过了40岁就不敢冒险了，华为过了30年如果也畏惧失败，不敢冒险，这恰恰就危险了。

最后讲讲创新与异端的关系。创新的组织一定是多元的，有多元的人，多元的个性，多元的思想，多元的声音。反对派、歪瓜裂枣也是英雄。如果研发体系中没有反对派，没有持异端想法的人，没有刺耳的异见甚至奇谈怪论，那这艘船看着很平稳，但是当巨风大浪冲过来的时候，沉得可能非常快。任正非讲，他自己就经常在反对自己。卓越的领导者最重要的人格品质就是“红蓝人”，左脑是红军右脑是蓝军，右脑是乔布斯左脑是库克，善于自我否定、自我反省和自我纠偏。研发组织也应该是红蓝对垒的 AB 型组织，B 组织可能就是颠覆 A 组织的，但比构建 AB 型组织更实质性的是培育同一个组织内的 AB 型氛围，让红蓝对决成为组织群体的思维定式。

任正非在和科学家们座谈时说：“2012 实验室可以多组建蓝军，既然我们不知道王者之路在哪里，就让蓝军攻击红军，可以是建制性的蓝军，也可以是散兵游勇。公司的博士分散在许多部门，你们把难点梳理一下，在心声社区上张榜，从公司申请编制，请他们进来做蓝军，他们没在红军干过，系统性不清楚，就让他们从一个点上给红军捣乱……”

身在巅峰，进退都是深渊。今天的华为就是这样。只能往前，但前面也是深渊。怎么办？像鹰一样展翅飞啊！华为就像一只已经活了 30 年的老鹰，老鹰无非就两种命运，一种是老了，飞不动了，掉入深渊，另一种是雄鹰再生。大家是否知道鹰的一个特征？老鹰大概能活 60~70 年，到第 40 年的时候，鹰身上的羽毛变得很厚很沉，喙和爪子都已经老化，这时它会飞到悬崖上，在岩石上把喙痛苦地敲掉，再让新的喙长出来，把指甲拔掉，让新的爪子长出来，把羽毛拔掉，再等待几个月，让新的羽毛长出来，这样它就成为一只青春的鹰，一只充满活力的雄鹰。然后，它又会活 30 年。

老鹰的自我蜕变、自我进化是极其痛苦的，甚至是血淋淋的，但这就是宿命。已经 30 出头的华为正处于它自身的巅峰期、成熟期，要想再活 20 年、30 年，就得像雄鹰一样进行自我革命。我始终坚信，能打败华为的只能是华为自己，而不会是任何外部力量，外部压力和危机只能使华为变得更警醒，更有批判精神，更有凝聚力和战斗力。

后面用一段话做个结语（我把别人的话做了点修改）：我们最当敬重的是疯子，因为他们是旗手，是理想主义者；我们最当喜爱的是天才，他们是探险家；我们最当亲爱的是“孩子”，他们单纯而富于激情。让我们跟着“疯子”和天才，牵着孩子，一起奋力前行、奔跑，与时间赛跑，与危机赛跑，奔向更灿烂的未来。

第8讲

# 同理心：领导者的核心心理品质

## 二进位时代的领导力挑战

人类过往的许多年是被十进位支配的。但从20世纪末开始，世界在急剧让位于二进位。统治十进位时代的是因果律的哲学观，但今天和未来，主宰我们人类的更多的是计算机思维之上的非线性、非因果律。

二进位时代的第一个变化，也是最大的变化是，秩序的构建已经无法追随混乱的脚步。混乱以不可思议的规模和速度展开，成为常态。具体到企业界，即速成并速朽成为常态。

1950年，全球500强企业的平均寿命大约是70年，2015年全球500强企业的平均寿命不到15年。我们所尊敬的工业时代的标杆，传统的制造企业像西门子、IBM、福特等，全球大约有上百家这样伟大的旧时代的公司，今天大多百病缠身。固然是因为它们活得太久了，组织细胞老化了，细胞的再生能力降低了，但更重要的是时代从十进位跨入了二进位，它们曾经赖以成功的一套文化与制度体系面临窘境。它们是精英时代、逻辑时代的产物，是一个超人、一群超人洞见未来、引领大众的时代产物，是“火车头 + 螺丝钉”的时代结晶。

变化之二是，科层制的组织结构面临解体，金字塔组织有瓦解之势。传统的组织是建立在“计划、组织、控制、协调、执行”的模式之上的，金字塔底座的操作层只能依据管理层的命令开展工作，即使上级的命令是错的，也得无条件执行。军队组织是科层制最成功的样板，严明的等级、严肃的纪律、严格的命令，以及服从的文化与效率至上，造就了军队的战斗力与凝聚力，但在只需一部电脑或者一部手机就能掀起一场动荡的二进位时代，泰勒的专业主义、韦伯的科层官僚制显然已不合时宜。

美军是当今世界上最强大的军队，拥有无可比拟的海空力量和最现代化的装备以及最充裕的后勤补给，也拥有科学的命令系统和强悍的执行体系，貌似坚不可摧。然而，在阿富汗，在伊拉克，数万亿美元筑起的战争机器却陷进了一个又一个的泥淖之中。这固然与宗教、文化、远征异国、民心向背等因素有关，但组织机制、组织文化的较量也不容忽视。

美军的科层制指挥系统、金字塔决策与执行体系面对的是人自为战、人人都是指挥员和作战员的高度离散化的恐怖组织。前者是精英依赖、制度与流程依赖，后者是信仰依赖、文化依赖，每一个恐怖分子都自认为是在为信念而战，所以他（她）能够在没有任何指令时随时进入战斗，能够无畏而坦然地将自己变为人肉炸弹，能够以少战多、以寡胜众，而且他（她）既是职业战士，又是百姓，他（她）隐身于民众的汪洋之中，民众中的某一分子又随时会转身成恐怖分子。对从事反恐工作的美军特种部队来说，处处都是战场，人人都可能是敌人，时时刻刻都会面对袭击。

大象被拖进了蚂蚁阵、老鼠阵中，就必须学会转身。蚂蚁各自为战且目标一致，老鼠闪转腾挪，跳到大象的脚上、背上、头上，甚至钻到大象的鼻孔中，迅速地在 0 和 1 之间快速决策、快速行动，围绕目标自主决策、自主行动，而不像大象那样进行从 1 到 10 的精准而迟钝的决策与行为运算。

“把墙推倒”，拆除“深井”，打破组织的“物理布局”，赋能于团队中的每一个体，这是美军特种作战司令部指挥官、美军驻阿富汗最高指挥官、四星上将斯坦利·麦克里斯特尔在《赋能：打造应对不确定性的敏捷团队》一书中的核心观点。这是屡战屡败之后关于组织变革的深刻思考。书中的大量案例既有带血的教训，又有痛苦而艰难的“肢解大象”的精彩过程的披露，同时又完整呈现了变革的一整套从道到术的方法论。

军事变革历来是组织变革的先声，《赋能：打造应对不确定性的敏捷团队》这本书又一次验证了这一结论，书中所揭示的现代与未来战争的作战形态与组织形态，对今天和未来的企业组织不无启发。郭士纳曾经想“让大象跳舞”，IBM 这头大象似乎在郭士纳掌舵的时代跳起来了，但不到 10 年又重回笨重和僵硬，在持续衰变的轨迹上蹒跚摇摆。

时代的确变了，糊裱匠式的变革已无济于事。

二进位时代的第三个变化是，人类几千年历史上被剥夺了发言权的普通大众、小人物、小角色，开始登上历史舞台，成为新的玩家。华为正是其中之一。美国一些人士不无疑惑地问我：为什么华为能够在这么短的几十年发展得这么快？我的回答是，谷歌、脸书、亚马逊比华为历史更短啊！美国、中国以及世界多个角落都有一批新崛起的公司，它们的历史很短，成长的速度很惊人，它们的创始人无不出身于草根。也许正因为如此，他或她才在这个二进位的时代成为颠覆者。

任正非是个小人物，华为的十几万员工无不是小人物，他们无所畏惧，敢于冒险，善于学习，勇于拥抱新事物和新变化，所以华为才如谷歌、亚马逊一样快速崛起。小人物们创造出了全球通信行业的一部大历史。

一部华为史即是一部蚂蚁向大象演进的历史。今天的华为已是庞然大物，已是一个令人生畏的科技工业巨头，拥有相对完善的制度与流程体系、相对强大的技术与产品实力以及全球市场网络，但与此同时，也患上了大企业病。

本质上看，是 IBM“教会了华为怎么爬树”。那么，华为会不会像它的老师一样走向长期的肌体僵化？华为面临着巨大的自我危机和挑战，而最深层的危机则源自二进位时代的领导力危机。

## 卓越领导者：盐中的盐

《圣经》中将虔敬的基督徒称为“盐”，具有使命气质的使徒则被称为“盐中的盐”，他们是最纯粹的少数人，最具有道德感、最具有勇气和牺牲精神。这也是一个卓越的组织领袖所应具备的品质。

虔诚的使命感是卓越领导者的第一个品质，它某种意义上发自一种本能。我在《下一个倒下的会不会是华为》中有一段论述，关于“生命中不可承受之重”和“生命中不可承受之轻”。现实中一个领导者或者管理者，每天都要面对各种各样的压力、无奈，包括复杂人际关系带来的困扰，即“生命中不可承受之重”。于是就想逃避压力，想卸载烦恼。但当他真的卸下了责任与承担时，一种巨大的虚脱感、寂寞感、孤独与无聊感又将弥漫整个身心，以至于被打垮，即“生命中不可承受之轻”。

我认识一位国有企业的董事长，10 多年前他在岗位的时候，每天工作 10 多个小时，每个小时都安排得很满，他有点不堪其烦，不堪其扰，所以经常抱怨。到年龄退休之后，他觉得退休真好，无官一身轻真好。但大概一年以后，我再见到他时，这个曾经充满了活力、朝气、霸气，腰板永远挺得很直的老人，似乎突然驼背了，寡言了，眼神黯淡了，精神萎靡了。

什么样的因素让一个人改变如此之大？原因是心理与行为失轨了。他一生中的 40 多年都在背负使命与责任，突然间全部卸载，生命变得轻飘飘的。一个总是在意义中生存的汉子进入无意义的自由状态，自由成了他晚年生命的枷锁和牢狱。对于这位曾经的领导者来说，使命与承担已经内化成了一种生理本能，一种心理惯性，一种类宗教。

“盐失去了味，不再咸了，那么就完了，毫无用处”，因此，对于一个事业家来说，他必须永远葆有奋斗精神，小车不倒尽管推，奋斗即自由。

人类中的少数人在责任、目标的长期驱策下形成了使命惯性，他们是后知后觉的使命家，因而在日复一日的奋斗生涯中他们时常有压迫感，有疑虑与动摇，有不堪重负的逃离感，他们总是在“之重”与“之轻”之间来回摇摆，但总体上他们更愿意背负“生命中不可承受之重”，无法接受“生命中不可承受之轻”。

人类中有极少数人，极少数的科学家、思想家、政治家、艺术家和企业家，他们是那种天生的使命主义者，比如乔布斯，比如任正非。他们能够自我燃烧并点燃他人，不需扬鞭自奋蹄是这类卓越人群的显著特征。奋斗，偏执的奋斗，无怨无悔的奋斗，感染并号令一群人去奋斗，“不奋斗，毋宁死”的奋斗，永远像“打了鸡血”一般的奋斗……他们的每一个细胞都浸满了使命与奋斗的色彩，因此他们是“异类人”，是“盐中的盐”。

卓越领导者的第二个品质是热忱。热忱源于虔诚，只有对认定的事业有使命般的虔诚，一个人才能有使徒般的热忱，这种热忱体现在对自身所从事的领导工作、管理工作有一种源自灵魂的爱与付出。奉献完全出于自然，非外力所推动。

卓越领导者的品质之三是理性，即双脚踩在大地上。尤其是处在掌舵位置的领袖、领导者，他们既要有本能或者惯性所带来的使命精神，对所从事的事业有巨大的热忱，同时也应有强大的理性。他们是理想家，但又是坚定的现实主义者。这种理性、现实主义更多地表现在他们既要把握方向，也要把控节奏。领导者对方向的感知力和洞察力是至关重要的，同时什么时候该踩油门、什么时候踩刹车常常决定着事业之成败、组织之生死。所以，领导者、企业家不仅要有理想，有情怀，有使命意识，还必须拥有理性精神。另外至为重要的一点是坚守与坚持。今天的社会并不缺乏激情澎湃，“抢风口”“跳大神”式的伪理想主义和“大跃进”、口号化的创新运动比比皆是，我们缺的是脚踏实地和一步一个脚印地长期奋斗。

卓越领导者的品质之四是同理心。

什么叫作同理心？同理心是一种心灵的慰藉，可以将柠檬变成柠檬汁；是两个完全相似的生命体，共同燃烧了期待，在对方的绝望中看到了自己的绝望，在对方的热情中看到了自己的热情。

## 林黛玉也是从细胞开始的

林妹妹也是从细胞开始的。这个意思是什么呢？就是要包容幼稚，这也是同理心的第一点。

华为就是一批幼稚的年轻人在一位“不懂技术、不懂业务、不懂财务、不懂管理”的半路出家的44岁的中年人带领之下走向成功的。（“四个不懂”是任正非的自谦。华为一位资深科学家这样评价任正非：“别忘了老板的技术出身，也别忽视了他的学习能力，他到处视察实验室，和大家交流，包括和业界顶级大咖交流。他对技术的深层把握肯定不如我们，但对技术背后的逻辑理解得很透，尤其是对技术的产业化前景、对技术演进的长期洞察，很少有人比得上他。”）任正非敢于开放权力、释放权力，给学校刚毕业的20出头的年轻人压担子，让他们在不断的权力试错中走向成熟，华为一位中层主管说：“坐在主席台上的每个人都犯过很多错误，包括老板，正是公司给他们提供了平台，给他们学习的机会，让他们变得优秀了，变成了全球500强企业的高管、科学家和专家，这样的机会给我、给别人照样能行。”

但是，假设当年的任正非、今天的华为领导者不包容幼稚，不欣赏幼稚，不欣赏处于细胞状态的“林黛玉”，华为能有今天和未来吗？在华为管理越来越规范的时期，我们很多领导者、管理者大多形成了一个心理误区，不敢放手提拔和使用年轻人，用人要360度审视，被一套严格的、教条的用人流程所束缚，导致的结果就是公司的干部队伍平均年龄偏大。

但反躬自思，这些领导者中的多数人在加入华为时、在20多岁时就“坐直升飞机”担起了副总裁、高级副总裁、项目负责人的大任，为什么今天的年轻人就不可以破格任用、挑重担扛大梁？更重要的是，年轻的人、幼稚的人在管理梯队中越来越少的结果会是什么？组织中求稳的气氛越来越浓，敢于试错、敢于冒险、敢于进取、热血主义、理想主义的氛围会越来越淡。这对华为来说恐怕是灾难性的。

诺基亚就是前车之鉴，诺基亚是工业主义时代的标杆企业，拥有几近完美的管理制度与流程，但缺少激情，权力走廊的高中层缺乏青涩的、青春的、生机蓬勃的新面孔，于是它进入了发展的下行道。

组织的青春不再，活力就会衰减。华为要想再有另外一个 30 年，要想打破今天全球 500 强平均只有 15 年历史的魔咒，相当重要的一点就是我们的各级领导者要向任正非学习，给 20 多岁的年轻人机会，给他们压担子，学会欣赏和包容幼稚。

同理心的第二点是要欣赏创造性。任正非最近几次都讲到八爪鱼，八爪鱼的每一只爪都有一个小脑。假设我们认为十几万华为人，每一个人都是华为的一个爪，都是华为创造力的一种源泉，都是创新的大脑，那么 19 万个大脑汇聚起来就是华为突破未来产业无人区的思想核弹。世界的政治与经济越来越趋于混乱，社会越来越趋于离散化，技术创新越来越具有多边颠覆性，应对的武器只有一个，即让每个人的大脑产生裂变，让 19 万人的创造性形成聚变，通过裂变与聚变的个体——组织的循环链式反应，以降低外部冲击的不确定性。

## 《任正非的“三砍”》文章质疑

同理心的第三点是，你最需要的人，也许是你最头疼的人。这是我们在管理中常遇到的问题。人类有一种弱点，就是喜欢听吹捧的话，喜欢抬轿者，喜欢用那些“老板的意志就是我的意志”的“马屁人”。但你会发现，越是卓越的人、越是优秀的员工，越是有个性，越不屑于、不善于逢迎讨好，但是这些个性鲜明的刺儿头却大多是价值创造的主体。能不能用好有棱角的有本领的人，包括经常反对你的人，体现的不仅是领导人的驾驭能力，也考验领导人品格的高下。

这里的关键是，领导者、管理者到底要什么？要莺歌燕舞还是要多打粮食？如果是后者，当然要把那些最优秀的、最能打仗的人用到刀刃上，用到重要岗位，让他们放手创造业绩，包括突破业务上的一些难关。要学会包容、容忍、欣赏异己和异见，这里面是两个“异”，一个是异己的力量，一个是异见的观点。

网络上有一篇杜撰的《任正非的“三砍”》的文章提到：砍掉高层的手脚，砍掉中层的屁股，砍掉基层的脑袋。此文流传甚广，深得社会上一些大小老板和管理者的认同，但这却是灾难性的观点。天啊，这不是封建时代，更不是奴隶时代，也不是传统工业时代，是全球化和互联网时代，是从十进位到二进位的时代，任正非管理的十几万员工又都是知识分子，他要砍掉基层的脑袋，岂不是在自我挖坑、在驱离人才、在与创新和时代为敌吗？如果这样，华为就不可能有连升两三级甚至四级的破格提拔机制，就不可能有 9 万多项专利的产生，当然也不可能有心声社区这样的“罗马广场”（华为人的思想广场）的存在，更不用说能够从心声社区的员工跟帖中听取基层的批判性言论，并从基层员工的文章和跟帖中汲取思想营养。

无法想象，十几万基层员工没有了思考的自由，华为是否还会是华为。

华为是由 19 万人的大脑构建的思想容器，而不是一架庞大的、僵硬的、少数精英主导的工业机器，如果它从前者异化成了后者，就该垮掉了。

砍掉中层的屁股？中层没有了“屁股”，怎么去带兵？怎么去分解责任与目标？团队之间的合作是必要的、必须的，但单个团队首先要上下一心努力奋斗，达成集团为本部门确定的阶段性目标和任务才对。如果部门的管理者连“屁股”都没有，热衷于上蹿下跳、左移右挪，组织中岂不是人人不当责、处处打横炮、无责可当无责可纠吗？最后的责任只能由任正非和常务董事会担了，因为老板削了中层的屁股。问题是，任正非有这么糊涂吗？这可是管理的常识啊！

任正非的“砍论”并非空穴来风。2013 年年初的某一天，任正非与吴春波老师、华为心声社区几位编辑以及我一起喝咖啡，他讲道，华为下一步的变革，首先是砍掉高层的手脚（注：高层都是从一线打出来的，既有丰富的经验与智慧，又精力旺盛，很容易变得恃才傲物，到处指手画脚，妨碍和抑制一线的主动性和创造性，所以要砍掉他们的手脚，让权力真正归位），慢慢地再砍掉他们的屁股（注：高层有屁股，一人管一块，屁股决定脑袋，就不能谋全局，也会形成山头），这样他们就会仰望星空了，华为的高管们要多一些人仰望星空。

## “己所欲，人之所欲”与“己所不欲，人之所不欲”

华为的成功是对人性认知、顺应、驾驭和管控的成功，毫不夸张地说，任正非是一位人性管理大师。华为有十几万名知识型劳动者，任正非和华为的高层领导群体在对知识型劳动者的管理方面所形成的一套理念、制度与丰富的实践，应该说对人类是有贡献的。这个贡献的核心就是基于普遍人性的一套理念与制度假设。

劳动者尤其是知识型劳动者的普遍人性是多元的、丰富的，他们既有生理层面的财富饥饿感，又有对权力和成就的饥渴，同时还有强烈的功名心。另外，知识分子又天然地向往独立，追求自由人格，反叛秩序，挑战规则。这样一些人格特质也是任正非的人格特质，这样一些诉求也是任正非的诉求，只是诉求的强度、诉求的频谱区分度有所不同而已。比如，有些人的诉求频谱中财富的占比更多些，有些人更热衷于权力，掌控欲更突出些，有些人则更偏向于自我成就。任正非的人格频谱显然不仅仅是成就自我，而是在成就他人、成就社会的同时成就自我。

美国一家著名的管理咨询公司曾经对华为的高管进行过一次个性与人格测试，主持此次测试活动的华为前董事长孙亚芳告诉我："对每个人的测试基本上都符合大家平时的认知，非常准。但这样的测试工具对老板似乎没用，测不出他，用顾问的说法，你们老板是那种极少数百分之零点几的人。"

领导者人格研究揭示，领袖型人格的人大多拥有一个共同的特征，就是：发自灵魂深处的同理心。也即，己所欲，人之所欲，己所不欲，人之所不欲。换个说法就是，站在人性立场的换位思考。

华为的劳动者普遍持股制，即"劳动人 + 资本人"的独特的股权机制、劳动者先于和优于股东进行价值分配的制度安排、基于奋斗者的贡献而非基于以人为本的价值评价与价值分配原则等；华为的权力开放与权力分配机制、干部晋升机制、破格提拔机制、干部轮岗机制等；华为多样化的荣誉激励文化、勋章文化、表彰活动等，无不反映着公司高层领导群体对知识型劳动者的人性认知和人性把握，以及在人性逻辑之上的制度设计。

然而，在具体的、日常的管理活动中，具体到每一位领导者和管理者，他们是否有这样一种理性、系统的认知自觉？这大概是要打问号的。当然这跟他们的成长经历有关系，华为今天的高级干部绝大多数都是在 20 多岁时加盟华为，中层和次高层的管理者也大多如此，20 多年、十五六年在一个相对封闭的、叫作华为的这样一个组织容器里过五关斩六将，为组织创造价值的同时个人也收获了成长，尤其是上升得快的人会变得越来越自信和强势，变得不容易理解别人，这是华为干部队伍的普遍现象，是值得警惕的领导力方面的文化与人格危机。

华为成之于人性管理，成之于人性洞见之上的良好的制度设计，但制度要靠人去实施，靠各级管理者的一言一行、举手投足去展现，如果管理者奉行以自我为中心，缺乏“对方立场”视角的换位思维，一个好的、基于人性的制度体系就会被侵蚀、被扭曲。

“己之所欲，乃人之所欲”的另一面是，你所厌恶的、恐惧的、拒绝的，也是他人所厌恶的、恐惧的、拒绝的。你自己不愿意干的事情，却强迫你的部下去做，强迫你周围的人去做，这可能吗？毫无疑问，在一个知识群体中，这样一定会导致个体的、群体的普遍抵制。

## 灰度管理：欲望的激发与控制

我有一个讲座的题目叫作“欲望的激发与控制”，其中有一段话被人整理出来做了些篡改，嫁到了任正非头上，说是任正非的内部讲话，结果流传很广。其实有些说法任正非不见得认同。这段话的完整版是这样的：

> 我们经常听到一种说法，叫作无欲则刚。我想这个说法第一违背人性；第二，无欲者很难做到所谓刚强、有力量。欲望其实

是中性的，很大程度上，欲望是企业、社会和人类各类组织进步的动力。

是欲望的激发和控制，构成了一部华为的发展史。一家企业管理的成与败、好与坏，背后所展现的逻辑，都是人性的逻辑、欲望的逻辑。从组织心理学的角度分析，知识型劳动者的欲望可以分为五个层面，它与马斯洛的“人类需求五层次论”有相似处，也有不同处。

第一个层面：物质的饥饿感。每个人都有最基础层面对物质的诉求，员工加入企业，最直接、最朴素的诉求就是实现财富的自由度。在企业组织中，某种意义上我们可以说，员工不爱钱，不是好员工，他（她）没有欲望，何谈创造财富的动力？

企业能否给员工提供相对的物质满足，是企业能否健康成长的元基础。华为有高管说，华为有今天，本质上是“分赃分得好”，任正非则直截了当地讲，“钱分好了，管理的一大半问题就解决了”。

第二个层面：安全感。这是人类与生俱来的一种本能。人类来自丛林，所以作为个体的人一生的多数时间都处于一种对安全感的期待状态。越是杰出人物、领袖，内心的不安全感越强烈，但他们又是追随者们安全感的柱石与灯塔，所以他们自我战胜的能量必须很强大，必须坚定而自信。

华为正是因为有一批充满了危机意识的优秀管理者，有十几万名内心有不安全感的员工，大家抱团取暖，共同奋斗，共同面对发展道路上的各种风险和未知的世界，胜则举杯相庆，败则拼死相救，才带来了个体的相对安全与组织的相对安全。

不安全感、恐惧对个体与组织来说有两面性，有一个度的问题。恐惧会令人、令组织的神经不致松懈，也能不断激活个体与组织的防御力和进取精神，但恐惧过度的话，个人和组织都会崩溃。所以一个好的组织，很重要的一点就是要为员工构建一个心理相对安全的平台，同时又不能让员工在“舒适区”中神经麻痹、懈怠无为。

第三个层面：成长的愿望与野心。越是智力水平高的人，野心的张力越强大。如何将这些想拥有权力、想出人头地、想做将军和领袖的人凝聚起来，组织的价值评价与价值分配体系至为重要。将军是上甘岭上打出来的，而不是通过花拳绣腿、练把式、作秀被提拔上来的。马是赛出来的，而不是从“胡志明小道”蹿出来的。这样的评价系统和晋升系统才能让真正有雄心、有理想、有能力的人脱颖而出，大家也信服。

张扬雄心，遏制野心，给野马套上缰绳，让它成为战马，同时防止缰绳异化成为鸟笼，使战马变成花言巧语的鹦鹉。枭雄与英雄一字之差，野马与战马一字之差，但前者有巨大的破坏性，后者却是组织的中坚力量。同样，战马与鹦鹉虽然都很聪明，但后者却会腐蚀，乃至于败坏组织的文化肌体。

第四个层面：成就感。知识型劳动者一个很重要的欲望诉求是被社会和大众认可，在一个小的圈子比如家族、亲戚朋友、同学中，在一个大的圈子比如业界、媒体和社会中获得肯定和赞誉，这合乎人性的正当欲望，理应给予满足。华为成功的因素很多，其中一点就是共享，共享企业发展过程中的财富积累、权力和成就感。

做老大的人，一定要把人性最底层、最深层的东西想明白。第一，财富这个东西有个奇妙逻辑：越散越多，散财积财啊！众人拾柴火焰高，薪酬的“薪”字是什么？柴啊！柴变成柴火，财势自然就有了，众人之柴堆积在一起燃烧，财势就大旺。第二，权力、名声都是追随者赋予你的，假如哪一天追随者抛弃你，你的权力和所谓成就感、聚光灯下的灿烂，乃至于财富，都会烟消云散，甚至是灰飞烟灭。所以不仅要散财，也要开放和释放权力，还要共享荣耀，一个几千人、几万人、十几万人的组织中，假使只有一颗星璀璨夺目，那这颗星有多孤单啊！一些企业中人们只知道一个独行侠，一个被大众追捧的偶像，其他人都像不存在似的，这不是好现象。在华为，人们知道任正非、孙亚芳、郭平、徐直军、胡厚崑、梁华、余承东、孟晚舟、何庭波、汪涛，还有陈黎芳、赵明等很多高管和专家……还真是群星闪耀啊！

第五个层面：使命主义。在我们人类中，只有极少数人是拥有超我意识的使命主义者，乔布斯、任正非大概属于这一类人。

以上就是我和新加坡国立大学商学院乌耀中老师关于知识型劳动者欲望与动机的基本分类和分析。

欲望是推动人类进步的巨大动力。19 万人欲望释放的过程，是推动华为过往 30 多年成功的人性前提。但欲望需要一种转换机制才能转化为能量，这就是对个体欲望的肯定、张扬和满足的文化氛围和制度设计。

同时，企业中越是高高在上的人，越是权力很大的人，越要有对人性的敬畏，“你是天使，他也是天使；他是魔，你也是魔”，人皆有人性的两面性。

员工的正当欲望不但不能遏制，而且要给予舞台，同样也要有制度化的边界和制度化的管控。但我们的管理者有时候过于黑白分明，缺乏灰度，喜欢拿着放大镜、显微镜看自己的下属，有些更极端的管理者看人容易走极端，好的一朵花，不好的豆腐渣，只看到别人“魔”的一面，看不到别人创造性的一面和天使的一面，给组织带来贡献的一面。这样的思维与行为模式会使管理者本人变成孤家寡人，也会让组织丧失开放性和多样性。

西方有句谚语，叫作“年轻人犯错，上帝也会原谅”。华为是一个以年轻知识分子为主体的组织体，是一个形形色色的欲望集合体，如何最有效、最大程度地激发人性欲望中的正能量，以及如何最有效、最大可能地降低和控制人性欲望中的负能量，其实每时每日都在挑战着各级领导者、管理者的认知水平、格局与胸怀，以及领导艺术。

色彩缤纷，才有大千世界。我们不仅要学会包容幼稚，更要学会欣赏差异。不要用自己的尺子去衡量所有的人，去检测所有的人，企图把有千姿百态个性、千姿百态想法的人改造得都跟自己一样，第一这不现实，第二这会扼杀组织活力，第三谁也不完美，包括每一位管理者。

## 领导力：关于权力与权威的种种误区

下面重点讲讲领导者的心理误区，或者叫心理缺陷。前面我们讲了那么多关于领导者的同理心，但同理心的本质是什么呢？怎么看待权力，怎么运用权力，怎么节制权力。

首先我们讨论一个问题：权力是否等于权威？权威是否等于威信？

（听众发言摘选：权力是组织或者环境从外部赋予你的力量，不是附着在你身上的内在的东西。威信是通过自己的影响力所带来的大家对你的信服。权威是权力和威信的结合体。所以说，一个人的威信或者权威是由两方面组成的，每一个人都有自己的威信，只是威信大小不同而已，这是和你自身相关的，和外界无关。就权力来说，它是外界给的，每个人都有权力，比如说我有使用这个笔写字的权力，这也是一个权力，权力大小不同而已。）

这是一个时常被一些领导者、管理者误读的现象，我们把它称作“权力的幻影”，也即领导力的第一个缺陷。当你最初成为一名管理者、领导者，刚刚拥有权力的时候，可能相对来说头脑是清醒的，所以在权力的运用过程中还是有节制的。但久而久之，时间是一把刀，会腐蚀掉我们的理性。

在权力运用的过程中，因为你拥有权力，身边就会出现一群“权力的环绕者”。这些“权力的环绕者”对人性有很深的洞察，因为你握有权力，你掌握着他们的奖金评定、配股和提拔的建议权或者投票权等，所以这批人善于像卫星环绕行星一样紧紧地依附着你、吹捧你、讨好你，环绕你做圆周运动，而且有些人水平高得还让你感觉不到他在吹捧你、讨好你。

时间这个东西非常可怕，越到后面你会觉得自己的权力真正是来自自己的能力、自己的水平，就会自以为威信等于权力，威信来自权力。“权力的旋涡”像个黑洞一样，久而久之就会腐蚀掉人的理性，一个本来对不良习气保持警惕的人慢慢地就会变得麻痹，变得选择性地去听好话，选择性地抵制理智的声音，选择性地厌恶批评，成为“套中人”。

我们一定要清醒地意识到，一个管理者，若没有权力的加持，他只是普通人，不是超人。世界上最能腐化人的是权力，甚至包括财富，也是权力的一种衍生物。如果我们能够清醒地意识到自身的所谓影响力、所谓威信，背后是公司赋予的权力的光环，那么我们就会谨慎地运用权力，谨慎地在制度的轨道之内让权力最有效地去发挥作用，而不能成为“权力洞穴中的穴居人”，因为“穴居人”的思维是封闭的。

然而，作为信息时代的领导者，作为以知识型劳动者为主体的组织的管理者，思维的封闭性是可怕的，对自身、对组织都是可怕的，所以要走出权力的洞穴。

领导力的第二个缺陷，叫作“互相依存的思维陷阱”。权力的存在就意味着组织中的追随和被追随的关系，领导和被领导的关系。但这很容易衍生出权力依存关系上的人身依附，衍生出大大小小的山头。假使整个组织是一个山头，那这个组织就是一个富于进取性和凝聚力的健康肌体，但它也必须用制度、契约的纽带去维系，而不是江湖式的情感依附、人身依附。不然，将不可避免地重演人类组织史上无数的冲突：你是我的人，你为什么反对我？我把你视为兄弟，你为什么背后说我坏话？为什么在关键时刻投别人一票？

我一直在讲，东方式组织管理的一个弊端就是太看重所谓忠与义，不是制度依赖，而是脆弱多变的人情依赖。做人力资源的高管、企业的老大，不妨带着这个问题读几遍《水浒传》。108 位江湖好汉，歃血结盟，貌似忠义兄弟牢不可破，但却经不起时间的拷问，经不起事件尤其是危机事件的拷打，时间和事件使这样一种依靠情义维系的组织关系、人事关系变得极其脆弱。看《水浒传》的前三分之二和后三分之一，你会惊诧于同一个大哥、同一伙兄弟，为什么会变得如此面目全非。

《水浒传》所宣扬的主题，从组织学的角度看应该是反面的案例，我们应该从中汲取的更多是警醒和警惕：远离江湖文化，把组织建构于契约之上、制度之上。这是中国企业必须要过的一个大坎，华为在这一点上是下了决心的，花了几十亿美元，用 20 多年的时间将公司改造成了一个“西式构造”的、制度依赖的全球性企业，基本摆脱了东方式的江湖色彩。

的确，有人的地方就有江湖，尤其在我们中国社会，但首先我们要远离和警惕组织中的江湖现象，同时相信并服膺制度的力量。我一直觉得工作在华为的人很幸运，因为他们工作在华为。当有人觉得内部关系紧张的时候，让他到外面去感受感受。一些离开华为的人包括一些前高管跟我交流时说，离开华为是因为公司的上下级关系、同事关系变复杂了、变味了，不像过去了，外面的人又不断地跟他们招手，高薪在招手、高位在招手，于是他们带着不愉快离开了。结果到另外的公司，包括一些新兴的科技公司后，发现人际关系更加复杂。有人形容有的创业仅仅 8 年的公司就像个大酱缸，三位联合创始人各拉一派，到处挖来的“空降司令”各立山头，管理者与员工之间许愿还愿，拜码头，表忠心，虽然业绩暂时不错，待遇也比华为高，但缺的是理想，缺的是制度，人心是散的。

西方企业，尤其是有一定规模和一定历史的大企业，也有复杂的办公室政治，但总体上不像大多数中国民营企业那么复杂，因为它们毕竟有一套完善的制度流程在发挥作用，领导者和管理者也敬畏制度、敬畏边界，而华为与它们在这个层面上是一样的。

领导力的第三个缺陷是，一朝权在手的“权力眩晕症”。华为早期很多年轻人一进来，20 多岁就做了高管，做了位置很高的高管，这容易给他们带来权力的幻觉，容易产生一种权力的眩晕。这些年华为越来越制度化了，所以干部到了一定的位置，尤其是越来越高的位置，年龄会相对比较大，思维也越来越成熟。所以相对来说，还能够比较理性地看待权力。任正非多次讲，“走得太顺的干部不能得志便猖狂，那是小人”。尤其是年轻干部，一定要谨慎地、理性地看待组织所赋予的权力，不然就成了权力舞场上的瞬时舞星，不能持久。

前面我们从正反两个方面讲同理心，同理心的本质就是怎么看待权力、怎么运用权力、怎么节制权力。这是一个方程式，是一个关于维度和力度的方程式，那怎么才能够把握好、平衡好？你不能够充分地运用权力，就很难有作为，无作为的干部等于废人。但是在权力的运用过程中，你有没有理性支配下的对权力的节制，有没有意识到你的权力来自两方面：一是组织赋予的，二是来自追随者的认可？正因此，你必须遵守公司的制度和文化，带领团队实现组织对你和你手中的权力的期待。同时，你对部下要多一点同理心，多一点对方立场的意识，多想想团队中每个个体的欲望和诉求，以及对成长的期待。

我之所欲，人之所欲啊！弟兄们的气顺了，心顺了，力也就顺了，何愁没有战斗力和团队精神？何愁达不成目标、实现不了绩效？

这样你在权力的走廊上，成长得也将更快、更好，何乐而不为呢？

## 领导者同理心与健康人格训练种种

讲这个话题之前，我们先讨论一个人，任正非。华为有高管问我：任老板的同理心强还是弱？比如他有时候急了骂人；再比如他经常打断别人说话，从而导致对部下的误解；还比如他在大会小会批某个人做错的某件事，小辫子揪住不放，一揪大半年，而且可能还揪错了……

前不久，有几位经济学、管理学教授与任正非交流，其中一位是国内某著名管理学院院长，两个多小时，大都是任正非在讲，他人基本插不上话。结束之后，我陪教授们用晚餐，这几位在讨论：任正非是哪一种类型的企业家？比尔·盖茨型？乔布斯型？似乎都不像，似乎很难把他归到某一类领导力模型中去。我把任正非同理心强与弱的话题抛给了教授们，请他们做个评价。

有一位与我合作比较多的年轻教授发表观点，他认为任正非的同理心是中国企业家或者世界范围企业家当中罕见的，不过是总打断你说话、耐心不够而已，几位教授都会心一笑。年轻教授继续讲道，“华为独特的股权机制、权力机制，全世界都少见，创始人把接近 99% 的股权稀释给 9 万名员工，20 多岁、30 多岁的人掌握着很大的权力。人人都是股东，人人有职有权，人人都在同一条船上。船破了，大家一起完蛋，所以大家只能一起划船、护船。从这个角度看，任正非把同理心发挥到了极致”。在座的教授一致赞同，但也有人认为，不善于倾听是任正非的领导力缺陷。

我的感受是，他的思维风格和表达风格是西式的，他不喜欢讲废话，也没有耐心听人絮叨，希望开门见山先讲结论，讲核心观点，如果有必要再陈述背景。我印象很深的是，在一次外出旅行时，一位老员工只要开口说话，他就很不耐烦，因为对方每次讲话都从 A 到 B 到 C，来回说“你听我说”，就是绕不到主题，然后任正非就发火。我和任正非频繁交流 20 多年了，他并不是不善于倾听，而是因为他是一个“价值论”者，希望听到的是干货、新观点，而且他的思维雷达能快速扫描出哪些是他感兴趣的内容，甚至只抓取你说的一句话，他认为重要就会记住，而且形成自己的解读。有时候，他正在关注的某个战略性问题需要“思想把手”，正好别人的一句话激活了他的思考，他就会把这句话变成公司的一句纲领性语言。但实事求是地讲，他在和大多数人交流时，仍然是主导型甚至是压迫型的，倾听不够。似乎乔布斯也如此。

任正非每隔一段时间都会揪住某个高管的“小辫子”大会小会地批评，即使最后明知揪错了，也继续大会小会地批，这时候已经不是在批某个具体的人了，而是在批某种现象，只不过借了某人的“人头”而已，被批者也只能在台下苦笑。时任拉美片区常务副总裁的张顺茂因为一个一揽子合同问题，被公司审计部多次审计，而且他和片区其他相关人的股票也被冻结，任正非逢会都在讲："我们是杀猴给鸡看，不是杀几只小毛毛虫，要杀一只大的，小鸡看到猴被杀了，就不敢乱来了。"尽管后来合同结果执行得很好，张顺茂他们的股票也被解禁了（假如合同执行给公司造成了损失，要用他们的股票做赔付），但张顺茂却说："站在老板的角度是对的，抓个典型，让大家都能重视合同质量的改进。"

孟晚舟主管的财经部门就几次被当作靶子批，甚至以发布总裁办文件的方式，任正非亲自写按语批评财经部门，用词和语气很严厉，并且放到心声社区让十几万名员工"火烧"，公司许多高管都有过类似的"待遇"。

倾听是一门领导艺术。我发现，华为不少管理者在这一点上都或多或少存在问题，比较武断乃至于专断。有人说这是向老板学的，我说你学到的是表皮。任正非的确很霸气，话语权很强，但你没看到他的另一面，他可能当场否定了别人某个观点，但过后他会琢磨，经过思考如果觉得别人的观点是对的，就会马上打电话肯定那个人或者在某个场合说 ××× 讲得很好。

任正非本质上是个悖论人，认准的事他会绕着弯地、不厌其烦地、很坚持地朝前推，但他也经常竖起耳朵听，辨识各种不同的声音，如果发现自己错了会妥协，如果认为自己是对的但反对的声音很高，他也会暂时妥协。

而且任正非有个很大的优点就是不在乎面子，他的母亲曾经告诉他“面子是留给狗吃的”，他在乎的是“里子”，是结果。

所以，学任正非的风格不是不可以，但是不容易，我觉得大家还是要保持自我本色，同时要加强领导力的修炼。有的管理者对我说：“田老师，对不起，养成习惯了，改不过来啊！”我问他：“你跟客户交流有没有耐心？”他眉飞色舞地对我讲他是怎么一次次吃闭门羹、一次次地敲客户主管的办公室门、被客户骂了怎么赔笑脸、三九寒天的大半夜怎么站在客户主管的家门口等候见一面……我说：“这就对了，你能不能把对客户的这份耐心用到部下身上三分之一？”

团队中每个人的压力都很大，管理者在发布命令的同时多点人性关怀，多点倾听，激励效果会大为不同。很多时候员工就想找领导倾诉一下，把委屈、怨气宣泄一下，并没有什么明确目的，你抱着真诚与耐心认真听，甚至对方借着酒兴指责你、批评你，你诚恳解释并且做自我批评，只要是为了改善团队气氛，激发员工士气，导向多打粮食，有什么不可以呢？这个观点其实是李今歌（现任华为公司审计部总裁）讲给我的，背后还有一段感人的故事。

记住：学会倾听，耐心地倾听，真诚地倾听。许多时候管理者就是个“垃圾桶”，员工把各种各样的不快、苦恼、抱怨、愤怒、委屈倾诉给你，有些与工作有关，有些无关，倾诉完了，他轻装上阵了，你再去听首音乐、喝杯酒，自我消化吧。电视剧《亮剑》中的政委赵刚就是这种角色。解放军在 20 世纪 60 年代创造了一系列生动细微的思想工作方法，包括谈心活动、晚上干部到士兵宿舍查岗为士兵掖被子、代士兵给家人给未婚妻写信……这些工作极大地改善了官兵关系不说，更重要的是提高了队伍的士气和战斗力。

还有一个问题，是关于语言暴力的。华为许多管理者习惯于“一唬二凶三骂人”，工作方式简单粗暴，似乎在市场一线中更突出些。同样也有人说，“跟老板学的，我也是被老板骂出来的”。我说老板这样也不对呀，也要改啊，事实上这些年任正非改变很大，骂人比过去少多了。而且你怎么不看他怎样表扬人？任正非表扬人从来不吝惜词汇，甚至有点夸张，比如他在20多年前就经常表扬从学校刚毕业的那些年轻工程师，“你们好伟大啊！你们今天做的事情比贝尔实验室还要伟大”，年轻人被激励得热血沸腾。他也总这样表扬我，我知道自己很平凡，但我也照样受用，结果我就更加努力，做不到伟大做到优秀总可以吧？“伟大”这个词他送给了很多人。还有我发现他有一个特点，有时骂部下骂得很凶，而且当着一群人骂，搞得部下很难堪，但过了半天，他又给这个人打电话谈工作，语气很温和，甚至还不忘表扬几句。很显然，他批评人从来都是就事论事，不一棍子打死，不全面否定，同时还在最短的时间内给对方台阶下。

有人评论：“老板批人的风格是高高举起，轻轻落下，霹雳手段，菩萨心肠。”这一点大家是可以学的，而且要好好学，对人要包容，胸怀要宽广，与人为善，眼里揉得了沙子。

我做过一点小调研，以上讲的一些问题就是调研中得到的。调研中有基层主管讲道，他的上司经常黑着个脸，很难看到笑脸，组织气氛有点压抑。大家如果是这样，那一定要改。偶尔黑个脸、急了黑个脸、紧急关头黑个脸没错，也必须黑脸，但整天黑个脸，自己憋得难受，团队也受不了。依我看，同理心的训练先从换脸色开始，先从笑脸开始，每天起床洗漱，对着镜子先对自己灿烂地笑一笑，自己有个好心情，到了办公室，对员工灿烂地笑一笑，员工有个好心情，大家互相多点笑容、多点握手拍肩，时间一长形成习惯，组织氛围自然大为改观。

领导力的改进永无止境，领导者要从点滴做起。今天的时代变化对领导力的重新塑造提出的要求更高、更紧迫。正如前面所说的，我们已经跨入二进位的时代、全球化和互联网的时代，这意味着管理革命的真正开始，意味着透明化的信息、扁平化的决策、非精英化与小人物。在这样的管理转折期，同理心的训练对领导者、管理者显得尤其重要。理解是桥，宽容是伞。你很聪明，你管理的人也很聪明。你很聪明，你管理的人甚至比你还聪明。

怎么管好一群高智商的人？有一把打开别人心灵的钥匙，就是理解，就是宽容和包容。

“摩尔定律的核心是自我批判”，这是任正非说的。那我们就多点自我审视、自我批评和自我纠偏吧，让自己尽快地成熟起来，成为一个面向未来的合格的领导者、管理者。

第9讲

# 精神激励：一种虚拟的价值符号

## 管理没有一成不变的配方

一部人类文明史，本质上是一个奖惩的系统，即奖励的系统和惩罚的系统。比如所有的宗教文明都有两大假定，关于天堂和地狱。前者是愿景，期权性激励，后者是惩戒，生命终点时刻的“算总账”。很显然，宗教是深植于人性本能之上的超级奖惩哲学。

愿景是动力，恐惧是压力，两者在一个人的一生中不断地转换，也同时构成了人类各类组织管理的社会心理基础，包括最小的组织单元——家庭。小孩儿一出生就进入了奖惩系统，表现好，妈妈就奖励巧克力；捣乱过分了，就被取消一次看动画片的权利。

但事实上，我们人类各类组织在如何运用奖惩机制方面却始终未找到绝对有效的规律和放之四海而皆准的方法。读欧洲史和中国史可以看到，中西方历史上有大量和丰富的激励案例，但仅供参考而已，完全照搬照抄会失败得一塌糊涂。比方说，奖励的手段，包括物质的奖励、精神的奖励，或者有形的激励、无形的激励，显然都很重要，但怎么配比，有没有固定的配方？ 500 年前的配方今天依然合适吗？

同一个配方对不同的人合适吗？等等，让人想起来都头痛。

所以，人类历史上那些成功的组织领袖实在很伟大，那些勤勉精进但是失败了的组织家也同样了不起，而那些虚得其位又不求进取导致失败的“头儿”又的确很悲催。第一类人无疑是所在时代和人群中最卓越的人性大师；第二类人大多在拿捏人性方面差了点火候，勤勉而自恋，精进却自以为是；第三类人不在我们探讨之列，他们本来就不应该占据历史的大舞台，但这类人在人类领导史上的数目又不小。这也是读中外史书时常常让人扼腕之处。

中外历史应该是企业家和管理人的第一必修科目。虽然我们说，一千个组织家有一千种类型，有一千个不同的关于管人的故事，每个故事中不外乎都贯穿着胡萝卜与大棒，但它们运用起来却变幻无穷，显然不能刻舟求剑。就像外面很多老板学华为，照猫画虎而不学其骨髓中的东西，搞得不好会连老本都蚀掉。我们从中西历史中学管理，也是同一个道理。

言归正传。本讲主要是关于精神激励的讨论。

## 钻石恒久远，一颗永留传

人类是物质动物，也是奇妙的精神动物，所以只有人类闲来无事会写诗、画画、唱歌。我年轻时就写过诗，天天写，有时候一天写几首，莫名其妙的感觉，每天不把脑袋里那只花蝴蝶放飞出来就憋得慌。可是，动物就没这闲心闲情，谁叫我们是人类啊！也许人类的基因图谱中独独多了两个特殊基因，一个叫“折腾”，所以人类总是喜欢自我折腾，另一个叫“想象”，万千物种中唯有人类会把物性的东西精神化，甚至艺术化。比如一个私企老板赚了很多钱，按理说他现在赚的钱足以让他、他的儿子、孙子等几辈人都过得非常好，为什么他还不停歇地去赚钱，甚至冒着财富存量可能打水漂的风险？用亚当·斯密的观点解释就是，他把赚钱上升到了另一种层面，赚更多的钱就有更大的权力感，能满足无止尽的虚荣心。所以，他上了“贼船”就停不下来了，财富的本能追求变成了精神追求的本能。

人类最独特的一点，就是把无意义的东西意义化或者虚拟化。虚拟是人类极其重要的思维品质。有人说自己把什么东西都彻底看开、看淡了，请打住，别那么自信，我们做个小测试吧。假如你的主管是个黑脸汉子，一年365天没几回笑脸，你是否很郁闷？你也许说，习惯了，看淡了，老子不在乎。那好，突然某一天，他见面对你微笑，拍你的肩膀，对你竖大拇指……两年没见过老大这样，此时，此刻，你还会很淡定吗？一点没有心跳加速的感觉吗？你们自测一下，反正我不相信。

一个很经典的案例是关于钻石的故事。大家是否看过一篇文章，大意是说钻石是100年来人类社会最大的谎言，这是很著名的一篇网文。很多管理学者、企业老板都在传播这篇文章，说讲得真好，讲出了真理，不就是一块石头吗？我给中山大学的一位教授微信留言：“如此粗鄙的观点怎么会热传呢？管理学者们居然也点赞？足见我们的社会物欲化到了什么程度！人类社会假如离开虚拟还叫人类吗？太阳代表着什么？代表着光明和理想。一朵花代表着什么？代表着爱情。没错，钻石是石头，但也不是石头，而是纯洁与坚贞的代指，是寄托着人类男女无限遐想的、富于诗意和哲学色彩的传奇。”

钻石恒久远，一颗永流传。多经典的诗与哲学啊！岂是一句俗气不堪的广告词？我们再做个测试，假使你告诉你将要娶的新娘，“送你一枚钻戒，不过它就是一小块石头”，新娘会是什么反应？你一定猜到了。但是你告诉她，“它代表我对你的无杂质的爱”，那颗闪闪发亮的钻石一瞬间就会击穿新娘的灵魂！看看，一颗有意义的石头有多大威力！精神原子弹啊！

我们再看这样一段文字：“你点亮蜡烛，黑暗会自动消失。”黑暗会自动消失吗？不会。但是你认为它消失了，它就消失了。再有：“不要试图跟黑暗对抗，因为黑暗并不存在。所以忘掉黑暗，忘掉恐惧，忘掉所有萦绕在你脑海里面的负面的东西，只需要点亮一根蜡烛。”多虚假的一段话，但正是类似的语言支撑着很多伟大人物从绝望中崛起，支撑着多少伟大的组织从困境中崛起！

做领袖、做管理的人不要太理工思维，要有点哲学思维，有点诗人思维。

## 文化暗示与相互助长：组织存在的基础元素

人类个体、群体有一个相当重要的品质，叫作心理的互相暗示和情绪的互相助长。

这个世界上没有不受影响的人。只要是一个人，只要他存在于人际关系之中，就必然地拥有一个特点，那就是暗示与受暗示。把这一点弄明白了，对你经营家庭、管理团队都会有帮助，有益处。

暗示性主要来源于三个方面。第一个方面是权威的暗示性，权威包括家长，包括你的主管，包括组织中的最高领导者。这大概是我们人类在进化过程中一直存在的一个相当重要的现象：权威带来的从众。

第二个方面是同伴的暗示性。可能你们两个谁都不领导谁，但是你们经常在一起，过个三五年，你会发现你们俩的服装、发型在慢慢趋同，说话的风格有点儿相像，用感叹词都拉腔拉调的，甚至长得也有点儿像。很多中年夫妻有夫妻相，年轻时谈恋爱，一个长得特别丑，一个特漂亮，结婚 20 载，人到中年，忽然发现，要么一个变丑了，要么一个变好看了。长期厮守在一起，双方的生理行为、心理行为频繁地相互暗示、相互学习、相互顺应、相互妥协，以至于到后来放弃抵抗，结果就慢慢中和成了夫妻相。

第三个方面是文化的暗示性。为什么各个民族都有自身独特的文化体系、习俗体系？那是因为各个民族的人在过往的数百年、数千年里生存于同一片陆地上，慢慢地就产生了这片陆地上共同的文化形态、社会形态，不断地演变，不断地固化，就逐渐形成一套本民族独特的文化符号、文化体系。比如说西方人信仰上帝，中国人敬拜祖先，一到星期天西方人去教堂，一到清明节中国的城市都是空的，大家都跑到乡下祭祖去了。

西方是虚拟的上帝，高高在上；我们敬拜的神有烟火气，接地气，他们曾经是生活在这片土地上的一个人，一个英雄，或者一个将军比如关公，或者一个思想家，比如孔夫子，他是人格化的神，或者叫神格化的人，这是中华民族很重要的一个文化特征。从我们出生的那一天起，孔孟哲学、老庄哲学就无孔不入地渗透和影响着我们每个人、每个群体。

每家企业也同样有文化暗示。比如，华为人都很奋斗，工作很卖命，经常加班加点，甚至地震了、海啸了、打仗了，他们还在那儿坚守，这固然与价值观有关系，与激进的激励制度有关系，但不能不承认，华为艰苦奋斗的文化、英雄主义的文化很强大，它们每时每刻都在影响着一群形形色色的人，影响着 19 万人。分布在地球 3 个时区的开发者都为攻克尖端技术而熬夜、而拼搏，有人想悠闲地遵循 8 小时制，就成了文化的异类，会被甩出高速运转的组织轨道。相反，一个父母眼中的掌上明珠，加入了华为，带客户到上海参观，可以五过家门而不入，直到整个参访行程结束。什么原因？足够强大的主流文化的感染力、传染性和这种文化足够强大的暗示力量。蓬生麻中，不扶自直啊！

卓越的组织本质上是个文化能量场，优秀企业家是组织文化的火种，其职业生涯的一大使命就是要让正能量之火在企业中持续燃烧，扩散燃烧，从而形成一个能量场。这个场一旦形成，组织中就会有更多的优秀分子被点燃、自燃和助燃，并抱团发光。

人类社会也是一个比较的系统。人跟人比较，群体跟群体比较。正是相互间的比较带来互相欣赏和相互激励，同时也会滋生嫉妒和互相拆台。比较作为一种心理现象存在于、渗透在我们生活的方方面面。有人说“我是金刚不坏之身，六根清净，不和任何人比位子，比票子，比面子”，恐怕说得轻飘了。寺庙里就没比较？我几次在飞机上看见大和尚坐头等舱，小和尚坐经济舱不说，还得帮大和尚拎包。众僧本平等啊！但事实上不平等，有不平等就有比较，有向上的比较，也有向下的比较。

向上比较，你可能更有进取心，同时也可能心生嫉妒。向下比较，你可能有点自我安慰，但又可能自我满足。还有平行比较，有可能激起你的进取心，大家互相借力，互相激励，但也许对方是一个进取心不足的人，甚至略显颓废的人，他又很善于暗示，你要么改造他、影响他，用更积极的人生状态暗示他；但也许对方的磁场强，那你最好和他保持距离，甚至远离他，因为向下的能量、负能量的传导性、传染性常常比你想象的更顽强、更具渗透力。

任正非有句名言：不抱怨，不怀旧。我把它转换成两句话：一是妹妹你大胆地朝前走，莫回头；二是人生苦短，何不潇洒走一回啊！

## 使命、愿景、价值观是最大的精神激励

我们前面讲了人类社会的两个系统，一个是奖惩系统，一个是虚拟系统，前者是动力机制，后者是动力机制背后的心理机制。精神激励系统是奖惩系统的子系统，但它必须植根于个体、群体的心理需求、情感需求之上。

卓越的组织与员工之间的关系首先是契约关系，但又不仅仅是契约之上的雇佣关系。纯粹的金钱雇佣、权力雇佣诞生不了微软、谷歌和苹果，诞生不了华为。卓越的企业不仅是一套刚性的数字系统，而且是有商业信仰的。这个信仰是由企业的使命、愿景和价值观连接起来的一套完整的精神体系。

使命是一个组织存在的理由。20 多年前，黄卫伟老师写了一篇文章，题目是“客户是华为存在的理由”，任正非在审稿时，加了两个字“唯一”，该文作为社论发表在《华为人报》上：《为客户服务是华为存在的唯一理由》。这就是华为的使命和每一个华为人的使命，而且是唯一使命，即为客户创造价值，实现客户理想。

使命牵引愿景，愿景是一个组织的阶段性灯塔，或者叫阶段性的理想。华为曾经的愿景是什么？是丰富人们的沟通生活。几十年过去了，经过行业中的制造商、运营商、互联网企业包括华为的共同努力，人与人的连接这个愿景基本达成了，我们进入了一个真正的万物互联的数字化时代。因此，华为重新为 19 万人确立了新愿景：让数

字世界走进每一个人、每一个家庭和每一个组织，构建万物互联的世界。

使命、愿景、价值观是最大的精神激励。

华为的核心价值观，每一句都是大实话，都不是任正非和华为的发明，但是你把这三句话闭环、打通，就会发现这三句话衔接在一起是有巨大的创新性的。

什么叫作“以客户为中心”？企业不以客户为中心，谁来养活十几万人？公司赚的每一分钱都来自客户的口袋，来自客户的付出，我们当然只能老老实实地、全神贯注地为客户提供一流的技术、一流的产品和优质的服务，这应该是最基础的常识，没有任何怀疑和动摇它的理由。如果偏离这个常识，华为一定完蛋。华为能够有今天，就是公司高层没有被过往的胜利冲昏头脑，没有在常识问题上犯大错。

但是，赚了钱，怎么分？什么时候分？核心价值观的第二句叫“以奋斗者为本”，不是“以人为本”，是“以奋斗者为本”，不是以老板为本，也不是以各级主管为本。无论是老板还是员工，在价值分配面前，都只有一个共同的身份和标签：奋斗者。奋斗面前人人平等。一个人获得的薪酬、奖金、股票的多少，一个人能否得到晋升和表彰，只能取决于奋斗的结果和贡献大小。这也是常识，是激励的常识。坚守了这样的常识，人们就会努力奋斗和长期奋斗。如果赏罚不明，懈怠者与奋斗者所得区别不大，甚至逆淘汰，谁还会去冲锋陷阵、长期冲锋陷阵呢？所以“以奋斗者为本”与“长期艰苦奋斗”是硬币的两面，两面的币值必须是相等的。

还有一点必须格外明确，就是奋斗的方向。一个人天天忙得要死，但他不是直接或间接地围绕着客户转，也不是围绕着为组织创造价值转，而是成天围绕着上司转，见风使舵，游走于各种关系网之中，这不叫奋斗，这叫马屁精。“以奋斗者为本”的目的只有一个，就是“长期艰苦奋斗”，艰苦奋斗的方向只有一个，就是直接或间接地“以客户为中心”，围绕客户的显性和隐性需求、眼前需求和长远需求，为客户创造价值，同时为组织创造价值。这是华为核心价值观的真谛所在、灵魂所在。华为把这个闭环的链条套在了每个人的脚上、头上，让大家奋斗有方向、有动力，一不小心就创造了一个世界奇迹。

常识就是真理，价值观是关于人性的常识和真理。但是真理也需要推而广之，需要持之以恒地进行传播，以形成群体的普遍共振。

我在讲座中分享过一个视频，这个视频让我觉得非常震撼。“在视频的开始我们发现实验者正在随意地拨动会发声的钟摆，根据钟摆的声音和摆动可以看出，在实验一开始时，所有的摆动都是杂乱无序的，而且声音非常嘈杂。但我们也可以看到，这些钟摆有的正在慢下来，有的正在加速，它们的摆动频率正在发生着变化，而且趋向一致。在临界时间点 1 分 04 秒，所有的声音突然变得整齐划一，这让我觉得特别的神奇。这些钟摆没有直接相互接触，它们之间相互影响的媒介就是各自发出的声音和声波，以及通过白色平台所传递出来的振动。从 1 分 35 秒开始，最后一个方向相反的钟摆也开始加速地摆动，与其他的钟摆开始趋同。所有的钟摆方向和摆动的声音最后都整齐划一了，你是不是也觉得很神奇？其实这就是振动。共振就像一个纽带，将万物相连，将我们大家相互连接。根据量子力学的著名共识，万物都是振动。我们的想法也是一种振动，因此也会产生共振，相互影响。当一群人同时产生同样的想法，这群人所产生的想法共振将会带动更多人，当足够多的人同时产生非常美好的想法时所产生的强大共振，将会带动全世界的人，为全人类带来良善的未来。”

这是一个很奇妙的物理现象，也是一种社会心理现象。它给我们的深刻启示是，正确的东西一定要大声地喊出来，理直气壮地喊出来，要一群人、一大群人一起喊出来，久而久之，所有人就都把能量调整到相同的频道上了。你在长江边看到艄公们一起喊号子，在军营看到士兵们踏着正步唱军歌，在电影中看到部落人围着篝火唱歌起舞，这些其实都是一种精神调频活动，一种心灵共振。

华为从当年的几个人到今天的 19 万人，也是一路喊着号子、唱着歌走过来的，喊“以客户为中心”，喊“为客户创造价值”，唱《团结就是力量》，唱《真心英雄》和《中国男儿》，让这支队伍在使命共振、愿景共振、价值观共振中从小到大、从弱到强，30 多年精气神儿不散。

## 仪式感：精神激励的化学反应剂

精神激励一个很重要的元素是崇高感。在这一点上，军队做的是最好的，还有宗教组织，这两类组织都有一个共同追求：崇高感。崇高感要通过一种仪式去表达、去强化。我到一些大的国企、民企去讲课，我问听课的人："你们现在开大会时还唱不唱歌？"大多数公司的人说不唱歌了。你看，过去40年中我们从一个极端走向了另一个极端，物质主义、功利主义取代了一切，企业成了一个纯粹的数字机器、赚钱机器，缺少了形而上的东西，缺少了崇高感和仪式感。

西点军校的校训是"责任·荣誉·国家"。2003年，西点军校的毕业生有973位，一个不落地主动要求去阿富汗战场。这跟美军的激励机制有很大关系，你要想晋升，就得上战场，打过仗、负过伤的晋升得最快。一毕业就去机关，对不起，一边等着去吧，同届毕业的、上过战场负过伤的在若干年后当了将军，而机关里的这位可能还是个中校，这是一方面。另一方面，从进军校大门那一刻起，一个人十多年、几十年的军旅生涯就跟各种各样的仪式紧紧联结在一起，并进而内化成一种特殊的崇高感、道德感、责任感。

解放战争中，在物质极端匮乏的背景下，人民军队把精神激励做到了极致。军队从小到大，从弱到强。法宝是什么？双激励。大会小会讲，一对一谈心讲，跟着共产党闹革命，革命胜利后会过上好日子，楼上楼下、电灯电话……画了一个饼，这是期货式的物质激励。

精神激励是什么呢？给一群不识字的农村青年慷慨激昂地讲，解放全中国，实现共产主义。既有物质的饼在眼前晃动，又有一种高远的精神坐标在前面竖着。这种激励方式直击人性，而且全是大实话，同时反复讲，不厌其烦地讲，听的人还要一起讨论，也要自己上台讲，比赛着讲，一个个讲得慷慨激昂，甚至涕泪俱下。结果就是一个俘虏很迅速地被改造了，不仅改变了立场，而且转过身拿起枪，对准了自己曾经效力的军队。这真是非常了不得的一种思想发动、精神激励。

企业家做到这样，就一定是了不得的并购大师。企业兼并之所以成功率很低，不同文化的融合是大难题。

20 世纪 60 年代，军队的物质供应也是相当匮乏的，士兵们没有多少物质激励，饭都经常吃不饱，但那时候的军队非常有战斗力和凝聚力。一个是整个社会风气好，另外军队自身创造了许多独特、丰富和人性化的精神激励。比如说，各式各样的标兵可以覆盖到一个连 100 多号人，大多数士兵都有一个荣誉称号，什么射击标兵、拉练标兵、卫生标兵等，还有养猪标兵、炊事标兵，等等。即使在军队没有获得称号，你还是会有另外一个称号：荣誉军人。每到大年初一一大早，地方政府敲锣打鼓地到你家去慰问。只要你当了兵，你家门口就会挂个“军属光荣”的牌子。所以千里之外的士兵有自豪感、荣誉感，父母和兄弟姐妹也能昂首挺胸，有安全感。军队在那个年代把精神激励做到了极致。

俄罗斯军队和美国军队，也同样高度重视精神激励。美国是一个很崇尚物质主义的国家，但同样是一个崇尚理想主义和英雄主义的国家。大家如果想了解真正的美国，可以读《美国秩序的根基》这本书。美国军队代表着真正的美国传统精神。美国军队对价值观建设的重视、对精神激励的重视和运用是很值得企业借鉴的，比如美国军队构建了世界上最复杂的勋章体系，该体系就是最好的精神激励体系。当然，俄罗斯军队的勋章体系也是非常丰富和复杂的。勋章对军人来说，意味着至高的荣耀。

## “明日之星”与“六亿神州尽舜尧”

我们再看华为。我听公司一些主管说，任老板就是把钱发得好，华为就是靠金钱驱动的。讲得没错，但失之片面，没有穿透看这个组织，只看到了华为的强物质激励，忽视了华为在精神激励方面同样很强。华为过往 30 多年的精神激励形式之多、之丰富，手段之多、之复杂，在全球大企业中是罕见的，任正非在这方面下了很多功夫，费了很多心血。华为会给优秀员工发很多类型的奖牌，有人说发得多了，可能都没感觉了。这不对，你送了一个女孩子 100 颗钻石，送第 101 颗的时候她就没感觉了？绝对不会。人类对美好的东西永远缺乏免疫力。

大家听说过早年华为的厨师比赛吗？ 20 多年前，人的自由流动既有政策障碍，也有心理障碍，不像今天的年轻人，背上背包就能走世界，此处不留爷，自有留爷处，很潇洒。当年 20 出头的大学毕业生们从全国各地到深圳——一个热血沸腾的陌生地儿，也是一个乱糟糟的陌生地儿，心理上的适应是很难的。任正非当时就讲，肚子饱了不想家。锣鼓开张，先办好食堂。华为从一开始就很重视食堂，研发人员晚上加班经常到两三点，甚至通宵，每天工作十六七个小时，有各种各样的原因，有人说“我的事情没干完，当然要加班”，也有人说“田老师，我就觉得晚上灵感的火花比较多”，还有人说“田老师，我给你讲个大实话，公司的夜宵太好吃了”。吃完夜宵，肚子撑着了睡不着觉，去加班。但是，要把食堂搞好，得让大厨们有积极性。物质激励不用说了，荣誉激励的方法之一就是安排大厨们比赛切菜、炒菜，让大家评比优秀厨师。

所以说，华为由小到大，由弱到强，不仅仅是把钱分得好，还包括花样百出、变化丰富的精神激励，把人的使命感和情怀激发出来了。老员工们都很怀恋早期的华为，那真是一段青春激荡的岁月啊！

精神激励在组织的发育和扩张过程中具有无限的延展性和变化性，可以最大程度地刺激管理者的想象力，不像财富的激励总有一个极限。物质激励的极限来自两个方面，一是组织的财富激励资源毕竟是有限的，二是财富激励的确很重要，但金钱刺激和一个人的工作主动性、创造性是必然的线性关系吗？给得越多就越有干劲吗？是，也不完全是。物质激励到一定饱和值，或者相对饱和值时，就会出现热力学低谷，进入能量转化的最低状态。

很简单，在你口袋里的钱不多的时候，一年加薪水 20 万元，你觉得太好了。当你奋斗了 20 年，账户上的钱积累了几千万元甚至更多，今年给你提薪20万元，你可能觉得也挺好，至少组织承认了你的贡献，但这笔钱对你来说不构成必需性和紧迫性，所以它的激励效应就不会那么强烈和持久，甚至会出现财富激励的疲劳、失效。除非额度非常高，超出你的想象空间，或者你天生对财富就很喜爱，唯有金钱能让你的肾上腺素水平激升，那么，财富在你这里就异化成了精神符号。

还有职位晋升、被提拔也属于精神激励的范畴，是精神激励体系中相对可以具象的、直接的激励，既有精神性，也有物质性，比如晋级了或被提拔了，配股、薪资都可能跟着涨起来。权力激励有两点很重要：第一，权力激励的公平性和公正性。我不知道我是不是了解得不够，在我近距离观察华为的 20 多年中，跟很多高管、中基层的主管交流很多，很少听到因为财富分配不公带来的普遍抱怨，另外在干部提拔问题上不满的声音也比较少（这两年似乎多了点）。虽然也不可避免地会有一些优秀的人、管理能力强的人被埋没，但相对来说过往 30 多年华为财富与权力的分配还是比较公正、公平的。可能有人会说“对我就不公平”，这个现象一定有，有人的地方、有组织的地方一定有不公平。但是放在一个长的时间段看，放在一个大的群体里看，华为相对来说还是做到了比较公平和公正的。

权力激励的一大问题是权力资源的稀缺性，再朝上就是任正非。越朝上，权力走廊上的位子就会越少，所以权力的激励也有局限性。而精神激励却不同：第一，它可以最大化；第二，它具有无限丰富性；第三，它可以不断地变换方式与手段。

然而，也有人说了，激励有个二八原则，包括精神激励，只能是激励少数人，普遍激励会降低效应。当年华为搞“明日之星”的激励活动，定的是全体员工每年的 20%，由基层员工评选，理论上 4 年就可以覆盖 80%，5 年就有可能是 90% 以上的人群，也就是说，80%~90% 的华为员工理论上都是“明日之星”。有一位著名大学的管理学教授说：“田老师，这个做法不符合激励理论。”我在和任正非电话交流时说了教授的看法，任正非讲了他的观点，大意是，20 世纪 60 年代我们国家物质极端贫乏，但那个时候 6 亿中国人，人人意气风发，热情高涨。毛主席当年有一句诗“六亿神州尽舜尧”，6 亿人民群众，人人都是尧和舜。尧和舜是什么？是主人翁。

我和殷志峰在南非跟 6 个外籍员工交流，有白人，从诺基亚过来的，有黑人，也有印度人，他们都是外籍高管。每个人一上来自我介绍都很自豪，说“田先生，我是华为的金牌奖得主”，又接着说，“我也是华为的‘明日之星’”。可见这样一种普遍的精神激励，对这些外籍人士来说，同样具有心灵的穿透力。有一位跟我们讲：“我来华为，开始很不适应。我原来的公司管理不是这样，很规范。华为动不动就搞活动，隔一个阶段就搞活动。我开始不适应，后来很适应，我唯一的意见就是外籍员工应该像中国员工一样，也能够到世界各地去工作。”

精神激励可以最大程度地放大管理者的想象力，但是别忘了另一个根基——物质激励。物质激励是企业组织的元激励、元动力，我们讲了这么多的精神激励不是让大家产生错觉，以为可以忽视物质激励。对于一家合格的、有长远追求的企业来说，应该坚持物质激励与精神激励的双轮驱动，而且首先要把钱分好、把权分好。过去几年很多企业在学华为，但我们会发现太多老板很重视突出华为核心价值观的最后一句话——“长期艰苦奋斗”，不大讲“以奋斗者为本”，这些老板也学华为搞活动、唱歌，大会小会号召员工要有理想、多奉献，但是却很少或不愿与员工分享利益。

有一位企业老板对我说：“田老师，我把能买到的关于华为的书都买了，也都读了，任总的讲话我每篇都学习，也到处去听关于华为的课，但几年下来效果怎么不明显啊？”我问他：“过去 5 年，你们公司效益怎么样？”他说：“每年的利润增长都在 20% 左右。”我问：“过去 5 年给员工加薪了没有？”他不说话了。

很简单，一个以逐利为目标的商业组织，老板成天跟员工讲理想讲使命，但是钱都装进自己腰包，这样的精神激励肯定是无效的，甚至是负效的。双激励要并行实施，但不是说物质激励到一定程度时才要加大精神激励，错了，物质激励与精神激励在每一个阶段都要并行实施。

## 一个眼神，一个微笑，都是精神激励

在组织中，每个个体都是精神激励的源泉，每个人都可能通过自己的一个举止、一个微笑，影响或感染到周围的人。每位主管都是精神激励的发动者和实施者，主管们的一言一行都流动着精神激励的元素。

我们千万不可把精神激励片面地、偏狭地理解为就是发奖牌，就是大家唱唱歌，喊喊口号。这些是必要的，仪式化的东西很必要，勋章很重要，但更根本的、广义的精神激励就像自然流淌的一条河，川流不息地在组织中有声或无声地流动。管理者跟员工在一起，跟同僚在一起，一个眼神、一个形体动作，都是精神激励。

最好的精神激励是什么呢？来自上司或同事一句赞赏的话，一个微笑。微笑容易吗？当然容易，也不容易。我们一些主管在长期的目标压迫式管理的氛围中久了，周身的每一个细胞都是数字数字、进度进度和命令命令，脸部肌肉有点僵硬了，见到部下变得不会笑了，言辞中充满了居高临下，动不动飙出骂人的词汇，却不善于使用表扬的词语，这样的刻板、教条、冰冷、命令式的领导方式和管理风格会让部下产生挫败感甚至恐惧感，会影响组织中健康的人际关系，事实上也会削弱团队的战斗力。

管理者们，请每天对你们的部下、同事多一些微笑，多一些拥抱，别人快乐一天，自己也心情愉悦一天，施人以玫瑰，自己满心阳光，大家快乐地、身心健康地去奋斗，不是更好吗？可千万别忽视一个眼神、一个微笑背后的精神意义！

在华为这样一个创新型的科技企业中，在一个以知识型劳动者为主体的 19 万人的大组织中，在一个拥有 165 种国籍和 4 万名外籍员工的全球化公司中，管理者一定要学会自我转身、自我调整，要换脑，要有换位思维，要转变管理姿势、转换管理语言、改变管理方式，要在日常的管理活动中多点拍肩膀，多点人性化风格，少一些“踢屁股”，少一些“一唬二凶三骂人”的做派。

企业管理派生于军队管理。但是军队管理就是军阀管理吗？错了。优良的军队，一面是服从服从服从、命令命令命令，另外一面是无微不至的人性关怀。20 世纪 60 年代的解放军，从上到下的军官都要跑基层、下连队，除了调查研究、身先士卒，晚上还要去查营房，给士兵掖掖被子，看看士兵的脚是不是打泡了，打一盆水给战士泡泡脚，对基层连队的连长和指导员来说这些几乎是每日的例行工作。另外，与战士谈心、拉家常也是工作内容之一。干部既要对士兵严格要求，又要给士兵很多无微不至的关怀。

目标导向、责任导向、结果导向，是管理者必须始终盯紧的一条线，另外一条线是基于人性关怀之上的情感导向。前一条线是骨骼系统和脏腑系统，后一条线是内分泌系统和微循环系统，组织的内分泌失调了，微循环堵塞了，脏腑也会跟着出问题。

员工犯了错误，批评是应该的，甚至着急了说话简单粗暴也在所难免。但记住，尽量要给人家找一个台阶下，而且要及时，让对方心中的压力得到释放，再轻装上阵去冲锋作战。千万别只顾了前面训人骂人，没有后续的安抚动作。任正非有时候把一些高管骂得很厉害，过不多久又给对方打电话说别的事，在最短的时间之内，以另一种方式，让对方的压力得到释放。这里最重要的是换脑，换思维，不要好面子。很多时候组织中的人际关系很僵硬，大都和主管把面子看得太重有关系。

什么叫换位呢？多站在对方的视角想一想。比如有个人某个会议没有按时参加，什么原因？你也不问，噼里啪啦批一通，结果人家是因为临时见客户，或者有什么别的重要的事而耽搁了，等等。先了解清楚情况，再决定怎么处理是不是更好？还有，你那么简单粗暴，你的上司同样简单粗暴，你是否心情很舒畅？你的上司很少表扬你，动辄就对你发火，你是否很受用？一定要学会将心比心。

还有换姿势。多点柔性的姿态，多点和风细雨，不能总是一味刚性。大家应该都看过电视剧《亮剑》吧？李云龙和赵刚，你更欣赏哪一位？更希望向谁学习？

## 延伸阅读：《田涛与格拉斯哥大学教授的交流观点》[①]

按语：哲学是人生的罗盘。

苏格兰的格拉斯哥大学是英语系最古老的大学之一，西方经济学最重要的奠基人亚当·斯密毕业于此并曾任校长。2017 年 5 月 2 日，

① 此文以华为总裁办加按语的方式发布于华为心声社区。

我与剑桥大学嘉治商学院尹一丁（Eden Yin）教授等一行人专程拜访了该校亚当斯密商学院唐纳德·麦克莱恩（Donald MacLean）和罗伯特·麦肯托什（Robert Maclntosh）教授，两位教授在长达20年的时间内，潜心研究耗散理论与组织管理的关系。兹将当日交流观点撮要如下：

1. 一个健康的组织一定是物质加精神双轨驱动的组织，但在企业发展的不同阶段、员工成长的不同阶段，物质激励和精神激励的比重、方式等会有所不同。

2. 物质激励包括薪酬、奖金、股权等基础性动力，在企业的任何阶段都很重要，但如同权力激励有天花板一样，物质激励到一定程度时会产生弱效、低效甚至无效现象，更严重的是产生负效作用，即物质满足带来的懈怠，这在收入高的人群中尤其明显。

3. 精神激励在企业的早、中期发展阶段也非常重要，但在企业发展壮大阶段、员工收入尤其是中高层员工收入比较高的时期，精神激励显得更加重要，其最高境界就是构建利益共同体之上的命运共同体，命运共同体之上的使命共同体，形成三个共同体的融合。

4. 精神激励是没有极限的，这和人类的意识结构有很大关系，也许熵定律在人的精神层面不一定适用？其次，精神激励的方式可以无限丰富、不断进行调整，比如两位教授近年来研究的方向是利用诗歌文化激励员工热情和组织活力（有意思的是，唐纳德·麦克莱恩教授既是理论物理学博士，又是一位热情洋溢的苏格兰诗人）。当我们讲到华为 30 年来的各类正式集会都会集体唱歌时，“诗人”教授非常兴奋，几次与我激动地紧紧握手。

5. 我们达成的共同认知：强调精神激励的比重，并非忽视物质激励，物质激励是组织激励的基础元素；偏重物质激励时，不能忽视精神激励，精神激励是伟大组织的引擎，精神激励的核心是人类使命感、行业使命感。

第 10 讲

# 从神圣使命到世俗动机

上

——科技创新的使命与动机漫论

本讲严格地说是一个读书心得的分享，不是一本书，是12本书的阅读分享。这12本书是：《科学与宗教的领地》（彼得·哈里森）、《圣经、新教与自然科学的兴起》（彼得·哈里森）、《圣经》、《物种起源》（查尔斯·罗伯特·达尔文）、《思维简史：从丛林到宇宙》（伦纳德·蒙洛迪诺）、《新教伦理与资本主义精神》（马克斯·韦伯）、《思想史：从火到弗洛伊德》（彼得·沃森）、《美第奇家族的兴衰》（克里斯托弗·希伯特）、《人类的未来》（加来道雄）、《牛顿传》（詹姆斯·格雷克）、《爱因斯坦传》（沃尔特·艾萨克森）、《我是未来：尼古拉·特斯拉传》（史迪夫·劳）。

这个阅读分享有一个主线，就是科学家个体和群体的使命精神、动机与科学发现、技术创新的关系。

不知各位是否思索过这些话题：

第一，为什么过去500年，自然科学兴起于西方，并且昌盛于西方？

第二，为什么犹太人在所有获得诺贝尔奖的人中所占的比例是最高的？在诺贝尔奖前104年的历史中，犹太人获奖的比例高达17%，在 770 人中有 154 位。[①]

同时，为什么在 19 世纪和之前的时代，很少有犹太人从事科学研究，而在 19 世纪之后突然爆发式地诞生了一批伟大的科学家？

第三，中国科学技术的发展为什么在过去 500 年中落后于欧洲国家和美国？除了外部因素，今天和未来，中国科学家和技术专家作为一个整体，需要做出什么样的改变？还有，华为的科技工作者的使命是什么？

大家可以带着以上问题，接下来和我一起进行思考。

## 科学：宗教与哲学的婢女（15—17 世纪）

### 美第奇家族与马丁·路德，《圣经》与眼镜

20 世纪初，哈佛大学一位教授第一次提出来宗教与科学是对立的，宗教妨碍了科学的发展，这个观点广为流传，甚至成为东西方社会 100 年来压倒性的看法，从学术界到大众皆是。可是，一位叫彼得·哈里森的澳大利亚籍学者对此却有截然相反的研究，他的研究集中于现代早期的哲学、科学与宗教思想史，主要著作有《圣经、新教

① 数据统计参考维基百科：https://zh.wikipedia.org/wiki/%E7%8C%B6%E5%A4%AA%E4%BA%BA%E8%AB%BE%E8%B2%9D%E7%88%BE%E7%8D%8E%E5%BE%97%E4%B8%BB%E5%88%97%E8%A1%A8，非精确统计。——编者注

与自然科学的兴起》《科学与宗教的领地》等，我花了一个月左右的整块时间，细读了这两本书，并做了读书笔记。两本书初读很艰涩，但是读进去了，尤其是复读时，你会觉得无比深刻和生动。两本著作有一个核心观点，就是西方的自然科学之所以在 15 世纪以来昌盛和发展，很大程度上源自宗教和宗教改革。

我们今天所知的自然科学或者科学，在 19 世纪之前，是一个不被认可的概念。西方在 15 世纪之前，没有科学的概念，“没有一种公认的‘科学’”，所谓的科学技术，与哲学、伦理学等混在一起，统称为自然哲学，也就是说它是哲学范畴的，不是科学范畴的。科学的主要功能是发现和论证自然万物的“德性”、伦理美感。古希腊关于自然的讨论虽然常常被奉为现代科学的先驱，但却充满了神学和道德的要素。

15 世纪，欧洲有一个神秘家族——美第奇家族（1434—1737）崛起了，我在华为大学解读过《美第奇家族的兴衰》这本书，这个家族以极富戏剧性的方式，非自觉地、间接地诱发了宗教革命，促进了文艺复兴，也推动了科学的兴起。当然它只是诱因之一、推助力之一。

美第奇家族是佛罗伦萨的一个金融家族，一个被财富、阴谋、毒药、乱伦的阴影笼罩的家族。这个家族通过放高利贷赚了很多钱，钱生钱，利滚利，但按照天主教的观点，放高利贷是罪恶，美第奇家族从事的是罪恶的生意，富人进天堂比骆驼穿过针眼都难，所以教会就给这些富人尤其是放贷者指出了一条路：赎罪。

美第奇家族赎罪的方式很直接。第一，修教堂，捐钱很阔绰。大家今天去佛罗伦萨、去欧洲，到处都有金碧辉煌的教堂建筑，我估计相当一部分是靠富人的赎罪金建起来的，佛罗伦萨的主要教堂的金主是美第奇家族。第二，赞助教育。第三，赞助艺术与科学研究。达·芬奇（1452—1519）、拉斐尔（1445—1523）、米开朗琪罗（1475—1564）是文艺复兴运动的三位先驱人物，他们都接受过美第奇家族的赞助。米开朗琪罗的裸体雕像在压抑人性、束缚人性的黑暗的中世纪撕开了一道口子，带来了追求自由和人性解放的清新气息。然而，他几乎就是美第奇家族一手培养的艺术"门客"，美第奇家族是他一生中最主要的赞助商。美第奇家族又从罗马、雅典大量收购艺术品，包括图书、古籍、雕塑和绘画等，这些都为狂飙突进的文艺复兴运动奠基了基础。还有赞助科学事业，伽利略（1564—1642）的天文观察和研究背后的赞助者和保护人也是美第奇家族。这个传奇家族也被称为"文艺复兴之父"。

反面的贡献是什么呢？中世纪欧洲最有权力的机构是教会，教皇的权力某种程度上比国王大，美第奇家族光有钱不行，社会地位不够，于是就捐大把的钱换地位。什么地位最荣耀？当然是教职和官职。美第奇家族延续了300多年，家族成员中诞生了4位教皇，也有几任佛罗伦萨市政官。但是，这个家族的人奢华的日子过久了，做教皇、主教，还得过奢华的日子。中世纪晚期的教会，教皇、主教们的生活大多是很奢靡的。有本书叫《十日谈》，专门揭露教会的腐败、腐朽，那是对教会隐秘生活批判最辛辣的一本书。道貌岸然的背后是夜夜笙歌，酒池肉林，荒淫无度。但这样豪奢的日子总会入不敷出。怎么办呢？在信徒的灵魂上打主意，这就出现了美第奇家族成员在担任罗马教皇时的一个发明：赎罪券。众徒皆有罪，罪人是进不了天堂的，只有捐钱给教会才能赎罪，才会有进天堂的通行证（即使捐了钱，罪也未必赎得清，还要不断捐，能不能进天堂，还要看上帝高不高兴）。于是赎罪券开始泛滥发行，人对死后灵魂的焦虑与恐惧成了教会“零成本生意”的动机基础。

这样的生意可称为“灵魂的买卖”，暴利啊！但它有个设计上的 bug（漏洞），就是怎么验证？捐了钱、捐了很多的钱、持续捐钱，死后真能被上帝接引吗？这是一个巨大的不确定性，这种逻辑上的不闭环就必然地要被掀翻，于是“造反者”马丁·路德（1483—1546）横空出世了。马丁·路德是德国一家教会的牧师，是一个处于教会阶级的中下层同时善于独立思考的叛逆者，他提出了一个革命性的观念——信徒和上帝之间不需要中间人，众人皆平等，人人都可以直接跟上帝对话。这一观点是对传统天主教会的革命性颠覆。

历史充满了玄机。在马丁·路德喊出这个口号的同时，谷登堡印刷机被发明了出来。没有印刷机的时代，《圣经》基本上是手抄本，被垄断在教会机构中，经书的解释权也被垄断在牧师和主教手中。现在印刷机轰隆隆一开，《圣经》被大量印刷（1455 年，谷登堡印刷了自己的第一本书——拉丁文版的《圣经》），普通人第一次有机会亲自读到《圣经》(这个阶段《圣经》也由拉丁文翻译成了德文),用自己的脑袋与上帝零距离接触。于是,一个很重大的社会文化现象出现了:宗教思想的百花齐放。一千个人眼中有一千个上帝,有一千个千差万别的关于《圣经》的解读。这一点对后来的欧洲思想解放、个性解放和科学兴起是至关重要的一步。

还有一个插曲很有意思,眼镜在12世纪被发明出来。在15世纪之前,阅读是少数人的权利,只有王室和教会的人在读书,王室也有很多文盲,知识的领地基本上是神学家、牧师和少数哲人的圈子。教会的神职人员主要读《圣经》和关于《圣经》的各种解读的书。中世纪黑暗时期并不都是倒退与停滞,那时候的教会神职人员在传教的同时,也在传播知识和兴办教育。

现代意义的大学起源于欧洲的基督教会学校和神学院。欧洲最早的大学是意大利的博洛尼大学和法国的巴黎大学,二者都是在神学院的基础上兴办的。牛津大学创办于12世纪,虽然是国王出资的,但创办人是来自巴黎大学的英国师生,剑桥大学的创办比牛津大学晚几十年,又是由牛津大学一帮师生创办的,它们都与教会有深厚渊源,而且早期也主要是神学教育。最早戴眼镜的少数人应该是这些神职人员和王室中少数识字的人,他们读书读多了,眼睛就近视了,眼镜应运而生,但那时候眼镜是奢侈品。而突然之间《圣经》大量发行,当时的照明条件也不好,人的眼睛很容易近视。得近视眼的人越来越多,眼镜制造和研究就有了可见的商业价值,投入眼镜研究和磨镜片的匠人、制造和销售镜片的商人和投资者就越来越多。其结果是另两个伟大的副产品的出现：望远镜与显微镜。

## 牛顿与炼金术，钟表与宇宙秩序

望远镜和显微镜的出现，带来的是人类认知视野的革命，进而是世界观的改变。人类对“天”“天命”的思考可以追溯到公元前 500 年前后，中国有老子和庄子等哲学先贤，尤其是庄子这样的哲学家和屈原这样的充满哲性的诗人，西方有苏格拉底、柏拉图、亚里士多德等哲学先贤。中世纪教会的一项重要工作就是资助研究宇宙起源，不过它是先验论的，即先有结论：宇宙是上帝的造物。研究宇宙的目的只有一个，即论证上帝造宇宙的绝对性。

望远镜使得宇宙研究有了一个伟大的工具、一个抓手，人们对宇宙的观察越来越逼近自然真谛，同时也催生了更多的天文观察爱好者。几百年来世界各国的天文爱好者呈几何级增长，尤其在青少年人群中。据说今天全球的天文爱好者有上亿人，这和世界范围内信教人数在几百年间不断减少成正相关。二者有无关系，暂且打个问号。而显微镜的出现，使得另一些研究微观世界的人倍受鼓舞，他们也获得了一个伟大的工具、一个抓手。前者研究超宏观，后者研究超微观。这些研究或者业余观察起初大都与宗教价值观无关。但人的独立思考很可怕，只要人在观察、在研究、在思考，就会有怀疑和批判，有对既定的定理、观念、传统认知的动摇和否定。我们在后面的讨论中会越来越看到，望远镜和显微镜对科学技术研究有多么重要，同时对摧毁宗教意识形态有多么大的威力！

这里我们应该记住列文虎克（1632—1723）这个业余科学家，他在漫长的一生中制作了500块显微镜片。如果说伽利略喜欢用放大镜观察月球地貌和土星环的话，那么列文虎克通过自制的显微镜观察奇特微小生物构成的新世界，后者对人类的直接贡献显然要大得多。同时，伽利略眼中的宏大世界与列文虎克眼中的至微世界，都在客观上让上帝的世界有了裂痕，为后来的达尔文进化学说奠定了基础。

让我们再回过来看看马丁·路德倡导的大众直接与上帝接触、直接读《圣经》的运动，是怎么在无意中推动了科学发展的。几百万、几千万人同时读一本“故事书”，慢慢就有人，特别是善于思考、理性思辨的人，开始怀疑了：宇宙是上帝创造的吗？万物是上帝造的吗？请拿证据出来。这种怀疑主义的潜流慢慢成为一股浪潮，教会就慌神了：一方面残酷剥夺异端者表达的权利，比如哥白尼（1473—1543）不断遭到教廷的威胁，布鲁诺（1548—1600）在火刑柱上被烧死，伽利略被拘押（他也差一点被判死刑，由于美第奇家族的庇护才得以幸免）；另一方面，教会加大资助科学研究，以求寻找更多证据，反证上帝创世的不可置疑性。对教会和神学家们来说，这是他们始终面临的逻辑软肋，中世纪时期是，新教改革之后更是。

假使神造万物这个命题被广泛质疑，基督教包括犹太教的根基就塌陷了。

15 世纪至 17 世纪绝大多数的科学家都是虔诚的基督教徒，他们从事科学研究的使命和核心动机就是排除对上帝创世的怀疑，印证和荣耀万能的造物主。

牛顿（1643—1727）是人们公认的伟大科学家，是那种创造定律的“科学造物者”，但他同时也是一位虔敬的基督徒。许多论者在评论牛顿时误读牛顿，说牛顿曾经以 20 年左右的时间走了一段黑暗的弯路，花了 20 年时间干两件事：一件是在实验室研究炼金术，另一件是用数学公式推导上帝第 4 次毁灭人类的末日时间。牛顿计算出的世界末日是在 2041 年，距离现在还有 21 年左右的时间。

在牛顿的认知结构中，科学定理的研究与宗教研究不但并行不悖，而且科学的目的就是为了印证上帝的神圣，所以他的所谓“黑暗 20 年”与他一生的科学研究是一个整体，并非某种价值观的迷失。在他心目中科学价值观与宗教价值观本来就是一体的，而非割裂或对立的。牛顿在他最著名的科学论著《自然哲学的数学原理》的序中有一段话：假使没有一个智慧而强大的神的设计和统治，这个由太阳、行星和彗星组成的如此优雅的体系就不可能产生。由此可见他是一个标准的神学背景的科学家。

牛顿运用望远镜观察星体和宇宙，却并未导向对上帝创世的怀疑，相反更坚定了他的宗教观。

说说钟表。钟表发明于 17 世纪。同眼镜一样，同样具有划时代的意义。首先，从此人类被时间奴役。时间、空间这样的概念是人类的一种假定。过去的时间具有很大的自然性质和模糊性，无非是昼和夜，用日出和日落界定生命中的一切。现在则不同了，昼夜被时、分、秒切割成了 24 大段、1440 个中段和 1440 × 60 个小段。到今天为止，我们生活中的方方面面都在被这种滴答作响的时间网格所笼罩。其次，钟表技术这种发明一出现，就被赋予了宗教的光环，在神学家那里获得了特别的解释，同时也在基督徒中引起欢呼声。钟表设计如此精密精巧，齿轮之间的交错配合如此和谐，声音如此均衡，时间如此精准，这些代表着永恒的上帝秩序。正如宇宙万物一样，钟表象征着万能的上帝之手的设计与安排。你看，一个机械产品就这样被宗教化了，成为上帝造物的有力证据。

与牛顿相同，化学家罗伯特·波义耳（1627—1691）也是一位典型的神学背景的科学家。他说自然哲学（那个时代没有科学这个词，笼统地称为自然哲学）的目的是产生有用的知识，以统治和控制自然，使人拥有对自然的绝对支配权。这跟上帝有什么关系呢？我们一层一层剥开来看。

我们先讲讲英国皇家学会。2016 年，我的《下一个倒下的会不会是华为》的英文版首发式在英国皇家学会举行，我感到很荣耀，但反过来说，这也说明这个地方被世俗化了。英国皇家学会成立于 1660 年，是世界上历史最长的科学学会，但在长达 200 年左右的时间里，它更像个神学科学会，它的成员是一批信仰基督教的自然知识的研究者，是一批拥有神圣使命的各学科的自然哲学家（科学家）。那么，这些堪称伟大的人以宇宙万物为研究对象的使命是什么？英国皇家学会最初的宗旨表达得非常明确，就是：遵从上帝意旨，“恢复人对自然的统治”。[①] 这里的用词是“恢复”，为什么不是“发现”或“发明”？另外，从谁那儿恢复呢？恢复什么样的统治？我们必须回到《圣经》的“创世记”中去一探究竟。

## 亚当的堕落与人类的科学使命

按照彼得·哈里森在《科学与宗教的领地》《圣经、新教与自然科学的兴起》这两本书中的观点，“上帝创世说”对 15 世纪至 17 世纪西方的科技发展具有决定性的意义。那么我在这里简单归纳下我对“创世记”的一些理解。

“创世记”告诉人们上帝怎么用话语从混沌中创造有秩序的宇宙。上帝先是造光，然后造星云、太阳、行星和月亮，接着造植物、动物、鱼和小昆虫，最后按照自己的形象造人，并赋予人代表上帝统治宇宙万物的权力。

我最近重读《圣经》，感慨很多。一是感慨上帝是一位高高在上的命令主义者，读《圣经》尤其是旧约部分，感觉每一句话、每一个

① 见《科学与宗教的领地》《圣经、新教与自然科学的兴起》两本书。

字都透着威严，透着不容置疑的专断和霸道。“创世记”开篇第一句是“起初，神创造天地”，用的是斩钉截铁的短语。

相对于宗教来说，科学是怀疑的领地，所有的科学家和科学原理都是在怀疑的土壤上长出来的，所以他和它在表达时都力求严谨，都不敢那么理直气壮，也都为证伪留下了余地。这是科学与宗教本质上的区别。

二是感慨上帝是一位秩序主义者。从上帝创造万物的顺序、结构、万物之间的联系，以及摩西代表上帝为万民立法，处处都能看到上帝对秩序的推崇与偏好，对秩序的设计与安排，大自宇宙，小至昆虫，中至人类社会的伦理关系、饮食起居甚至商人放贷的利息标准等，事无巨细。

三是感慨上帝是一位仁爱主义者，有博大的悲悯之心。人类无数次堕落与犯罪，上帝在施以毁灭性惩罚时，最后总要给人类悔过的机会，给受难的人间留一艘“挪亚方舟”，给被逐出伊甸园的亚当“奋斗而再生”的机遇，给造出巴别塔的狂妄的人类指出“重新认识自我”的出路。

四是感慨上帝是一位严厉的惩戒主义者。“创世记”记载了上帝对人类的三次惩罚，第一次是将人赶出伊甸园。神在创造万物之后，第六天按照自己的形象用泥土造了“人类的祖先”亚当（犹太教和基督教的信众认为亚当是我们所有人的祖先，这是他们的看法，估计这个世界五分之四以上的人不会同意），并且从亚当身上取了一根肋骨，变魔术似的变出一个女人夏娃，作为亚当的异性伴侣。我始终搞不懂的是，本来一派祥和的气象，纯真的一对男女，住在梦幻般的伊甸园，吃着没打农药的各类果子，权力仅次于上帝，也没有死亡和疾病的困扰，无求无欲，时间静止，岁月静好。但是，但是啊上帝，你为什么又要造出蛇这样的“最狡猾”“最美丽”的活物呢？我从 30 多年前读《圣经》时就苦思冥想这个让人很费解的问题，今天依然感到无比困惑。只能说上帝自有上帝的安排，上帝仁爱、慈爱的另一面是乖张和不可捉摸。

正是上帝造出的蛇，一举改变了人类的命运。或者说是上帝在造人时有意留下的漏洞——贪婪与软弱，导致人类经不住蛇的诱惑和上帝的考验，结果堕落了。

人类堕落的后果很严重，就是人类永远与苦难为伴。同时也很励志，那就是人类从此一发不可收拾的奋斗和创造精神。奋斗精神造就了人类无比丰富的物质与文化财富，创造精神带来的是人类的各种社会实验、制度试验和科学发明，尤其是后者。

上帝对人类的第二次大惩罚是大洪水，大仁爱是挪亚方舟。但这次的又杀又爱与科学进步似乎无关联，这里就不讨论了。

第三次大惩罚是制造人类语言的混乱。上帝在造人的时候打了个盹，这使得人类从诞生那一刻就不完美，但是上帝又追求至极的秩序与完美，于是人类就被上帝既怜爱又遗弃。如果上帝这样的疏忽和严厉还可以理解的话，那么上帝对人类的第三次惩罚就显得小心眼了。

人类集合群体的力量造了一座通天塔——巴别塔，不管人类是出于与上帝更接近的想法还是别的什么意愿，在神的眼里“他们成为一样的人民，用的都是一样的言语，如今既做起这事来，以后他们所要做的事就没有不成的了”，于是神“变乱天下人的言语，使众人分散在全地上”。上帝的乖张与嫉妒从此播下了人类一代代对神的敬畏的种子，也播下了反抗的种子，包括科学对宗教在19世纪之后的全面反叛与颠覆。这是后话。

依照《科学与宗教的领地》一书的观点，亚当作为上帝统治万物的代理人，早期是全知全能的，上知天文下知地理。在我看来，他首先是天文学家，同时既是动物学家、植物学家，也是修辞学家，所有种类的动植物的名称都是亚当起的，而且他更是除上帝之外的超级统治者，上帝命令亚当统治万物。但是，由于蛇对夏娃的诱惑，惧内的亚当又受夏娃的指使，偷吃禁果导致人类在堕落的同时，智力和知识也退化了。再加之上帝的第三次大惩戒，人类语言的工具也退化了。到今天为止，全球70多亿人口拥有7000多种语言，分散在各大陆的各民族自身还有无数种方言，知识的交流变得障碍无数，从而也就导致了人类原初能力的退化。

知识退化、智力退化、能力退化的后果是，人类对宇宙万物统治力的弱化、退化和丧失。

英国哲学家弗朗西斯·培根（1561—1626）说：“人类在堕落之时便失去了他们的天真状态和对万物的统治，但这两种损失……可以得到部分的补救：前者靠宗教和信仰，恢复对万物的统治靠技艺和科学。”

波义耳对自然哲学的定义、英国皇家学会最初的宗旨到这里就不言自明了：自然哲学（科学技术）的目标就是要重拾和恢复人类对宇宙、对自然万物的统治。这是上帝赋予科学家们的崇高使命、神圣使命。

毫无疑义，宗教在这一阶段是科学的助产士、催化剂和主人，而科学则是宗教的婢女，科学家们是上帝的仆人。

这里加几句彼得·哈里森的题外话：“《圣经》命令西方人，或者命令人类统治自然，控制自然，在造福科技进步、人类物质文明发展的同时，基督教和犹太教对自然环境的破坏也负有很大的责任。”

## 科学与宗教的分离与分立（18—19 世纪）

### “世界应该是数学的，而不应该是神的”

15 世纪到 17 世纪的 200 年左右，一批伟大的自然哲学家（以科学家与哲学家为主体）建造了宏伟的知识殿堂，“牛顿是殿堂的顶峰”，直至今日的人类，“每个人的体内都居住着一小部分牛顿的灵魂”。

牛顿每天工作 18 个小时，每周工作 7 天、100 个小时以上。他发明了微积分，但也认为在耶路撒冷那座遗失的所罗门王殿的平面图上包含着世界毁灭的数字启示。他研究作用力和运动定律，某种意义上是在研究上帝，并维护全能和仁慈的上帝的威严。他对科学的热忱其实是另一形式的宗教热忱。

然而，在那个时代，另有一个特立独行的人：伽利略。他认为，宇宙并不是一幅由神学象征组成的巨幅画布，而是由简单精确的几何学和数学语言组成的。这在他所生存的年代绝对是离经叛道的观点。所以罗马教会审判他，要判他死刑。好在他背后有美第奇家族，才得以活命。而牛顿不仅做过铸币局官员，工资是大学教授的若干倍，并且成为英国皇家科学院的主席。这既是由于他的伟大的科学成就使然，实至名归，也和他的正统宗教价值观有关。

然而，18 世纪前后，科学和宗教的世界都开始变得极端喧闹起来。其实整个欧洲，从 14 世纪到 18 世纪的几百年一直就像个沸腾的火山，持续地喷发着反叛的火苗，这包括 14 世纪到 16 世纪发生于意大利的文艺复兴运动（美第奇家族所在的佛罗伦萨是运动发源地和中心）、15 世纪发生于德国的宗教改革运动，以及一直到 18 世纪的法国启蒙运动。火苗演化成了火焰，火焰变成了火海。

启蒙运动的特别之处，在于它对科学进步的欣赏，而以上三大运动也都有一个共同指向：对挑战旧教条的热情，对绝对权威的否定，对人的自由个性、创造性的肯定，以及对人的世俗欲望的认可。它们也有一个共同特征：怀疑与思辨精神的滋长。

这种怀疑与思辨的氛围最早萌发于宗教内部。“堡垒最先是从内部攻破的”，这句话绝对是真理。马丁·路德就是教会内部人，也是最先向教会开炮的起义领袖。还有博洛尼大学、牛津大学、剑桥大学这些最早以培养神职人员为目标的大学，也都成为异端思想的温床。人不能有知识，一有知识就会有自由思考的花蝴蝶乱飞，而且有知识的人不能扎堆，一扎堆，无数自由的花蝴蝶就会碰撞和争论，结果几千年来不变的“真理”就被抬上了批判的祭坛。

教会 500 年来一直希望用正统的思想统一人们的思维，但眼皮子底下的怀疑派、理性主义者却最先造反了。英国皇家学会尽管以“恢复人类对自然的统治”为宗旨，但它的会训中也埋了一颗雷：不要把任何人的话当作真理。很显然“任何人”并不包括上帝，但怀疑之火最终一定会烧向“万能的神”。因为科学是一切成见和权威的天敌。

伦纳德·蒙洛迪诺在《思维简史：从丛林到宇宙》中写道：“有一些僧侣试图搞清楚从物质世界到精神世界的各种奥秘，并且喜欢聚在一起研究学问，他们可能有不少追随者。前者成为教授，后者成为学生，这样由师生共同形成的团体，就是大学的雏形。”

这段话的含义可以引申出以下几点：一是宗教，具体说就是教会孵化了大学，世俗的科学家、哲学家的前身是僧侣或他们的弟子；二是怀疑与思辨精神是大学的酵母菌；三是科学与科学家在思辨的酵母菌中开始独立发育，并开枝散叶；四是大学成为科学技术研究的宿主和堡垒，一直至今。

极端吊诡的是，教会栽植的大学这棵“知识之树”，结出的却是

“毒苹果”。大学从传播神学的摇篮变成了神的反叛者，也成了卫教者与叛教者激烈冲突的主战场。最终，神在大学殿堂的回音渐渐消逝了，取而代之的是科学和科学家。

1870 年，牛津大学有一个权威的学术颁奖，奖项包含 145 种古典奖学金，而自然科学奖项只占 4 个。但今天的牛津大学，估计大部分的学术奖项都是颁给自然科学的。

1831 年到 1865 年的英国皇家科学促进会的所有会长中，有 9 任是牧师出身，但是在 1866 年到 1900 年，没有一位牧师担任过会长。这是一个非常重大的变化，这种变化代表着科学和科学家终于走出了宗教的藩篱，从精神层面解放了。科学不再以印证和荣耀上帝为使命，不再是婢女和仆人，丫鬟不再是丫鬟，而是“我的命运我做主”。

“世界应该是数学的，而不应该是神的”，科学向上帝摊牌了。同样是钟表，在神学家的眼中它是上帝秩序的象征，但在纯粹的数学家看来，世界就像一块钟表，它的运行机制受到数学规律的支配，而不是那只“全能的上帝之手”。

科学技术所带来的变革正在或多或少、或深或浅地动摇人类的信仰体系。

## 进化论——信仰王国的特洛伊木马

1842 年，一个叫达尔文（1809—1882）的人花了 20 年时间写成了一本惊世骇俗的著作《物种起源》。30 多年前我第一次读《物种起源》，基本读不懂，20 年前读得似懂非懂，2019 年春节期间再读，读得惊心动魄，什么原因这里不便明说。

达尔文是个典型的科学实证派。22 岁剑桥大学一毕业，本来可以去当牧师或者医生，过安稳富足的日子，但他却申请乘坐贝格尔号军舰，做了 5 年的环球考察。通过大量的自然观察和对动植物、地质结构的采集和分析，以及若干年的实证研究，最后，达尔文向欧洲科学界投出了一枚重磅炸弹：万物都是进化的产物。被这枚炸弹震晕了的不仅是生物界，还主要是教会和思想界。进化论像一匹特洛伊黑马，突然从欧洲社会的腹部跳了出来，从根基上摧毁了人们迷之、信之的神造万物论和物种不变论的神话，西方脚下的思想土地发生了地震。

由此开始，一场“进化史诗”与“创世史诗”马拉松式的较量一发不可收拾，较量远远超出生物学、宗教的领域，也波及了人类学、哲学和社会学乃至于政治学的领地。

再读《物种起源》，我总结出了大约 10 个要点：

> 一是每一种生物都力求生活于任何它可以生存的地方。这讲的是物种强大的生存力。无论在悬崖峭壁，潮湿黑暗的阴沟，黄沙无边的荒漠，还是淤泥之中，地球上的任何角落，到处都可以看到生命的奇迹。

二是万物都有扩张最大化的本能，也就是说扩张与繁衍是每一个物种持续生存的前提。一旦扩张停止了，生命也会随之终止。

三是每一种生物都必须跟其他生物竞争。要么捕食别的物种，要么被别的物种所捕食，因为生存地盘是有限的，生存资源是有限的，必须通过残酷的竞争使自身的地盘最大化，资源垄断化。

四是同一物种内部也充满了竞争。

五是不同物种间或同一物种内的竞争到一定阶段时，竞争的双方如果久持不下，就会划分地盘，划疆而治，并在一定阶段和平共处。

六是竞争的一方相对另一方，哪怕有最轻微的优势就是胜利。这种轻微优势会随着时间演进成绝对优势。

七是一种物种的进化会引起其他物种的进化或灭绝。所以从一定意义上讲，大自然中充满了改革的军备竞赛，谁率先进化，谁进化得步伐快，谁进化得恰当，谁就会成为优先胜出者。一种物种唯有随着其他物种进化的舞步不断起舞，自身才能变得强壮，有力量与对手抗争。

八是稀少便是灭绝的先兆。老虎很威猛，但只是个体的强悍，缺乏群体的抱团合作与蓬勃生机。更重要的是，稀少物种可供遗传选择的基因池数量有限，可供淘汰的劣质基因短缺，优良基因就更稀少。种群基因内部缺少了竞争，种群就会濒临灭绝。

九是自然界里无飞跃，物种必须以最短的、最缓慢的步伐前进，要奢于变化，又吝于革新。

十是哪些种群最终能稳操胜券，无人能够预言。因为有很多种群虽然先前曾是极为广泛发展的，但现在都灭绝了。

达尔文的“优胜劣汰”生物进化说一出笼，既撼动了神学的圣坛，也被一些学者、政治家演绎、移植到了人类社会的竞争活动中，种族优越论、社会达尔文主义曾经在 20 世纪前后的一些西方国家甚嚣尘上，以至于在希特勒时代达到顶峰。今天这种声音表面上被压制住了，但残迹仍然未绝。而且，值得警惕的是，虽然社会达尔主义的观点没有了市场，但一些政治派别和商业势力的行为却带有强烈的达尔文主义色彩。至于谁更像、什么样的力量更像，按照我上面提炼出的 10 个要点对号入座，就可以看得明明白白。

西方尤其是美国文明奉行的是实力决定论，这一点没有错。对于中国企业、对于华为来说，同样必须靠实力说话，这包括技术实力、产品实力、管理实力、文化实力和领导力。有了强大的综合实力，才能既不畏惧和逃避竞争，又能敢于和善于竞争，这不仅能赢得自身发展的生存空间，也会得到东西方同行的尊敬。当然这种竞争必须是良性的、合规的、合作的、开放的，而不是丛林法则的市场达尔文主义。

中国文化的中庸之道、和谐哲学也许对西方的竞争之道、黑白哲学而言是一种有益的对冲，这是华为作为一家中国企业的先天优势。华为既要精于西方的“拳击运动”，又要娴熟于东方的阴阳八卦学说与太极术。

## “Scientist，一个粗俗的三音节词”

达尔文死后被安葬在伦敦的威斯敏斯特大教堂，牛顿是他的邻居。牛顿通过他的运动数学定律破译了上帝关于物理宇宙的计划，成为印证和荣耀神的伟大的“上帝仆从”；达尔文在剑桥大学学的是神学专业，毕业后放弃做牧师，环球考察的目的起初是解释上帝关于生命世界的计划。但是，当他通过观察和研究发现了生命的随机自然选择的进化逻辑时，他的进化论学说便很难再与任何神学观点和解。他向他曾经的阵营甩出了匕首。

游览威斯敏斯特大教堂时，我的大脑冒出过一个疑惑：比邻而居的牛顿与达尔文，是一起在天堂，还是一起在地狱？

15 世纪开启的“拿证据”的运动，既造就了伟大的牛顿，也造就了伟大的达尔文。拿证据来！牛顿言之凿凿地说：朝天上看！上帝是万能的造物主。达尔文则弱弱地说：看我的书吧，万物是进化的产物。

教会、教义、经书，以及天下所有的信仰都经不起证据的折腾。宗教一旦被置于质疑、怀疑的风暴中，便成了四面漏风的华贵而脆弱的“危房”，19 世纪及之后的基督教正是这样的“危房”。

宗教与科学是完全不同的两种话语体系，基督教却企图用科学语系解读宗教世界，结果就把自身置于怀疑与批判的靶心，这应该是 15 世纪的宗教改革家们未必能意料到的结果。而犹太教则走了完全不同的道路。

质疑与证伪是科学技术研究的空气与水，须臾不能离开。所以越是开放的环境，越是充满思辨的空间，也越能诞生伟大的科学家与伟大的科学发现、技术发明。从这个意义上讲，正是基督教内部的革命，以及新教对天主教的叛逆，既为科学技术的发展创造了宽松的氛围，也为它提供了至为重要的动机。以进化论为例，一个无比离经叛道的学说，却在新教昌盛的维多利亚时代的英国成为最具统治力的思想主题。

新教革命发端于德国，落叶扎根于英国、荷兰及北欧诸国，最终在美国全面开花结果，并带来了新教国家尤其是美国的商业与科学技术的蓬勃发展，马克斯·韦伯对此有极为精辟的分析。

韦伯那一代人立足于两个世界之间，因此能够看到“过去”与“未来”的明显分野。韦伯一方面说，劳动是一种特殊的驱动力，是上帝植入人类本能之中的那种“独独为取悦上帝”的内在驱动力（这和亚当从一个天真快乐的伊甸园主人向“面朝黄土背朝天”的劳动者的回归是一致的）；另一方面又指出，“科学是非宗教的，现在谁也不会从内心深处对此表示怀疑”。看似矛盾的两段话有着深刻的内在联系：一头连着过去，一头预示着未来。一头连着神圣使命，一头连着世俗使命。

科学家的使命从新世纪开始，从天上掉到了地上，从荣耀上帝转向服务于人类的福祉。19 世纪末的美国就代表着这样的新世纪和新世界。

Scientist，科学家这个词发明于美国，当它传到大洋另一端的英国时，英国皇家科学促进会的语言学会主席居然发出了英国式的冷嘲讽：这是一个多么粗俗的三音节词！科学家现在很受人们尊重，可是放在 100 多年前，这个词和这个职业属于被嘲笑的对象。

现代科学经历了三个重要的过程。第一，科学研究的从业者从此有了新身份，叫科学家。不管是科学家还是技术专家，在 100 多年前，都并非一个独立的职业角色。之前从事科学研究的人被归类为哲学家，最多在前面加一个“自然”而已，叫自然哲学家。第二，科学有了一套独特的方法，它是非宗教的、非道德的。第三，划定科学与宗教、与伪科学、与哲学的边界。科学不再属于哲学范畴，也不属于宗教范畴。科学终于可以自立门户，从宗教与哲学中分离出来了。

科学技术就像长期被圈养的野马，一旦自由了，就变得极其奔放和狂烈。不到 200 年的时间，科技正在以不可抵挡之势侵入人类社会的几乎所有方面，包括宗教的领地。这是我们接下来要讨论的话题。

第 11 讲

# 从神圣使命到世俗动机

（下）

——科技创新的使命与动机漫论

## 科学主义：宗教与哲学的主人（20—21 世纪初）

### 尼采与爱因斯坦，科学主义与犹太科学家

19 世纪末，有一位德国“疯子”尼采（1844—1900），以充满暴力激情的语言向上帝宣战：“假使有神，我怎能忍受我不是那神，所以没有神！”他还提出极端激进的主张：重新评估一切！

尼采全面否定基督教而肯定人的自由意志和价值，不仅颠覆与扭转了整个西方哲学史、艺术史和思想史，也间接改变了西方的科学史，人类活动包括科学的使命与目的必须从关注上帝转向亲近与造福人类。

同样吊诡的是，尼采出生于传教士家庭，上过教会学校，大学读的是神学专业。当尼采高呼“上帝死了”的那一瞬间，“上帝”回应他：尼采疯了！

尼采最后得了精神分裂症，56 岁死于 20 世纪的门槛前，但尼采哲学的轰鸣声至今仍回荡在西方与东方世界的各个角落，包括科学技术的领地。以人为中心，以人类为中心，这种发端于启蒙运动的口

号，在尼采那里达到了巅峰。欧洲进入了一个不可思议的时代，欧洲的科学研究也进入了一个群星璀璨的时代。

20 世纪前后，欧洲和北美舞台上活动的主角由僧侣、哲学家变成了科学家，每一种科学定律的新发现都会在哲学、政治、艺术等领域引起反响。一手捧着《圣经》，一手捧着“相对论”，后者在天平上的分量变得越来越重。科学成为时尚，科学家成为时尚人物，科学研究的氛围变得愈来愈宽松，从事科学研究的人也如雨后春笋般遍地冒起，科学成果也在欧洲各国尤其是英国、德国等新教国家不断涌现。一个科学的黄金时代真正到来了。

有一批物理学家代表着量子理论的先驱，他们各自所发现和创造的物理定理不仅在 20 世纪前后引起过巨大反响，更重要的是在后面的将近 100 年中还重新塑造了人类“世界”，包括人类的物质文明、生存方式以及世界观和价值观。我们把其中最重要的 8 位物理学家罗列如下：

阿尔伯特·爱因斯坦（1879—1955），出生于德国，瑞士籍

马克斯·普朗克（1858—1947），德国

尼尔斯·玻尔（1885—1962），丹麦

马克斯·玻恩（1882—1970），德国

保罗·狄拉克（1902—1984），英国

沃纳·海森堡（1901—1976），德国

沃尔夫冈 · 泡利（1900—1958），奥地利

埃尔温 · 薛定谔（1887—1961），奥地利

大家请注意，这 8 位卓越的物理学家没有一位出生于和生活于天主教占绝对统治地位的国家，而且他们无论是信仰天主教或者新教，还是信仰犹太教，或者是无神论者，首先都是纯粹意义上的科学家。这是 20 世纪与过往 400 年的重大区别。

15 世纪至 17 世纪是科学印证和荣耀上帝的时代，18 世纪至 19 世纪是科学怀疑和挑战上帝的时代，而 20 世纪则是科学无视上帝的时代。

爱因斯坦，犹太人，少年时信奉过犹太教，为了上学曾经改信天主教，但他从骨子里厌倦甚至厌恶烦琐的宗教仪式，是一个拒绝任何教义束缚（包括政治教义）的自由主义者。爱因斯坦是科学史上继牛顿之后并且超越了牛顿的巅峰级科学家。霍金（1942—2018）说："在过去的 100 年中世界经历了前所未有的变化，这个变化的原因不在于政治，也不在于经济，而在于科学技术——直接源于先进的基础科学研究的科学技术。没有别的科学家比爱因斯坦更能代表这种科学的先进性。"

牛顿理论的基础是世界上只存在一种上帝安排的空间和时间，它构成一个固定框架，在上帝搭建的一个舞台上"上演"着各种事件。而相对论则断言，舞台不止一个，上演的戏剧也不止一出，也就是

说，我们每个人所经历的现实都只是自我的体验，取决于我们当时所处的位置和运动——爱因斯坦在拆除牛顿的世界的同时，也让上帝的世界坍塌了。

达尔文认为万物都是进化的，爱因斯坦相信一切都是变化的，尼采则说“上帝死了”。

## 特斯拉，一个制造闪电的伟大“造物者”

下面我要特别介绍一个人：尼古拉·特斯拉（1856—1943）。250页的《我是未来：尼古拉·特斯拉传》，我花一天时间读完之后，第三天又读了一遍，一星期后又读了一遍，书的边角部分写满了读书笔记。过去几十年我读的无数本科学家传记，包括牛顿、爱因斯坦、达尔文等人的，都没有让我如此兴奋过、激动过、感慨过。

特斯拉被视为“创造20世纪的人”，“在科学史上，只有达·芬奇和爱因斯坦可以和特斯拉并列”。有人问爱因斯坦：“作为世界上最聪明的人，你有什么感想？”爱因斯坦说：“我不知道，你去问特斯拉。”也有人模拟上帝的视角写道：“自然和自然规律隐没在黑暗中，上帝说叫特斯拉来吧，他会让一切重见光明！”

尼古拉·特斯拉开启了人类自己改造世界、创造世界的历史帷幕，上帝被抛开了，科学先知们成了“造物者”。特斯拉就是一位制造闪电的伟大的“造物者”。

1856 年 7 月 9 日至 10 日之间，在雷电交加的午夜，特斯拉出生了。从此，特斯拉就与闪电结下了不解之缘，终其一生都与“电”纠缠在一起。在他的中年期，他居然在实验室中成功制造了闪电。而他自己本身就是一道划破宇宙的闪电，照亮了世界的每一个角落。在 84 年充满创造性的生命中，他开创了 20 世纪高科技领域的最巅峰：

尼古拉·特斯拉被公认为交流电、无线电、免费能源、现代物理学、雷达、电脑、无线网络、X 光摄影、太阳能、死光、飞碟、人造卫星、火星探测、太空旅行、人造闪电、人造地震、人造气象、意念控制、意识显影、空间传送、粒子墙、引力墙、人造星球等技术的首位创造者。

特斯拉率先提出的概念有电子显微镜、激光、电视、移动电话、互联网和许多其他与我们日常生活相关的事物。而他 40 岁以后的许多发明，在他死后被列为美国的国家机密，至今不为人知。

据调查，通过研究特斯拉的发明，从而直接得到启发并获得诺贝尔物理学奖的人占总诺贝尔物理学奖获得者的 27%，间接得到启发而获奖的人更是超过 65%。[①] 也因此，尼古拉·特斯拉又被称作“现代物理学之父”。

特斯拉在科学和工程领域取得了 1000 多项发明专利，这些都是他个人独自思考和申请的，仅交流电专利一项至少可以给他带来

① 见《我是未来：尼古拉·特斯拉传》。

3000亿美元的收入，但他却主动撕毁了专利合同。特斯拉线圈是他一生中最具争议的发明，也是他对人类贡献最大的发明，它是一项能够无限量免费供电的能源科技。他一生的梦想就是给世界提供用之不竭的能源。可惜正因此，他的命运也变得无比坎坷。商人和财团打败了一位绝世天才。

特斯拉精通8种以上的语言，至少能阅读11种语言。小心眼的上帝“变乱”了人类的语言，但对特斯拉这样的科学先知来说却是没有任何窒碍的。

特斯拉的大多数技术发明不是通过一次次的试错、实验完成的，而是先在他的头脑中形成架构，包括几乎所有的细节，然后进入实验过程，差不多都是一次成功。这样的脑袋不就是“上帝之脑”吗？

特斯拉无比自豪地说，事物总是创造于天才的大脑，而非自然。天才总是在事物真实存在之前，就已经在头脑中形成了关于它们的清晰图像。

牛顿“为上帝而生”，一生中每周工作100多个小时，终身未婚；特斯拉则为人类而生，一生中每天睡觉2个小时，终身未娶。特斯拉坚定地认为，“人类最重要的进步，来自科技发明，而发明创新的终极目的，是完成对物质世界的掌控，驾驭自然的力量，使之符合人类的需求”。

从爱因斯坦和特斯拉的时代开始，科学“造物者”们造出了汽车、火车，它们是会跑的“铁甲动物”；造出了人工湖泊与人工河流，那本来是上帝工程；造出了多莉羊等基因物种，造出了转基因粮食和水果（不同于伊甸园中的果子），造出了飞机、火箭这样的“铁鸟”和宇宙飞船，造出了轮船、潜艇和鱼雷这样的人造“水族”，造出了机器人和被关在实验室的“基因人”，人类也拥有了干预气候变化、干预生命进程、干预白天与黑夜（灯光）的基本能力。

“创世记”中上帝创造的一切，都在人类过往的 100 年和未来可见的 100 年已经实现或有可能一一实现，不过这一次，是由“特斯拉之手”（科学家群体之手）而非“上帝之手”实现的。

特斯拉晚年非常凄凉，栖居在一家木梯嘎吱作响的小旅馆里，每天坐在书桌前写写画画，把他头脑中的“闪电”定格成公式与符号，写在纸上，这是他的生命的一大部分。他的生命的另一小部分是养鸽子，他养了 3000 只鸽子，其中一只雌性的鸽子成了他一生的至爱。他说：“不管我在哪里，这只鸽子总会找到我，我只要心中一想，唤她一声，她立刻就飞到我的跟前。我爱这只鸽子，如同一个男人爱一个女人，我知道鸽子也爱我。只有和她在一起，我才能感觉到生命的意义。这只鸽子是我生命中的快乐之源。”

在一个夜晚，这只鸽子从敞开的窗口飞到特斯拉的书桌上，“我一看她，就知道她想告诉我一句话——她快要死了。在我领会她的意思之后，她的眼睛里射出一道光，一道强烈的光。我从没有在任何其他生物的眼睛中看见过，像鸽子的眼睛一样这么强烈的光……这道光，强烈，耀眼，炫目，比我在实验室里用最大的灯泡照出的光还要强烈”……特斯拉把这只鸽子捧在手心，“她的羽毛，轻轻地吻着我的手心”，鸽子在他的手心里，咽了气。

我是在从深圳飞海口的机舱内读到这一段的，当时止不住地泪流满面。

鸽子死去之后，特斯拉的生活也就失去了能量来源，“在那之前，不管我的计划显得何等野心勃勃，我知道，我终归能够完成得了。但是，当我失去她的时候，我知道我一生的工作要就此了结了”。

不久之后，特斯拉追随鸽子的灵魂，离开了他奉献毕生的人类世界。他终身未婚，也没有什么绯闻，“如果有，那么他的绯闻女友，大概就是这只与他惺惺相惜的白鸽”。

特斯拉对婚娶的观点很奇特：“艺术家、音乐家、作家都需要从女性那里获取灵感，发明家不需要。你说不出有几个伟大发明是由已婚男子研究成功的。所以我有时感到异常孤独。”

培根也说过：最不朽的成就，往往来自那些无儿无女的人。

这样的观点牛顿和波义耳多半会投赞成票，爱因斯坦和达尔文会投否定票。

## 为什么犹太人获得诺贝尔奖的数量最多

下面我们讨论一下，为什么犹太人获得诺贝尔奖的数量是最多的？

截至 2018 年，犹太血统诺贝尔奖获得者共 198 人，其中化学奖 35 人，物理学奖 55 人，生理或医学奖 55 人，经济学奖 29 人，文学奖 15 人，和平奖 9 人。[①] 从获奖的绝对数量上看，这是一个奇特现象。

我个人思考，大概和以下几点有关系。

第一，爱因斯坦树立了一个很好的标杆（《爱因斯坦传》对此有充分论述）。在爱因斯坦之前，犹太人最显著的标签是经商，是一个勤奋的、被迫流浪的、主要从事金融和贸易的游牧民族。马克斯·韦伯将犹太人的商业活动定义为“贱民资本主义”，它的特征是冒险、冷血、唯利是图、放贷食利而不创造真正的价值。爱因斯坦的横空出现，不仅给欧洲和北美科学界带来了震撼，对犹太民族来说，更是巨大的鼓舞。几千年来，这个民族一直很会做生意，“摩西十诫”事实上是一种以色列人的契约观，本质上讲的是诚信与守约，而做生意的第一要义就是诚信与守约，而且《旧约全书》在若干处讲到放贷的规矩和利差。这也就是说，犹太人的经商活动有它的宗教动机和优良传统，因此在爱因斯坦之前，最优秀的犹太人都去做生意了。

爱因斯坦给犹太人暗示了一种新选择：成为科学家和知识精英。100 年后的犹太人依然擅长做生意，不过他们更多的是占据商业链的最高端：金融。严格地讲，华尔街是犹太人的华尔街。同时，100 年

---

① 数据统计参考维基百科：https://zh.wikipedia.org/wiki/%E7%8C%B6%E5%A4%AA%E4%BA%BA%E8%AB%BE%E8%B2%9D%E7%88%BE%E7%8D%8E%E5%BE%97%E4%B8%BB%E5%88%97%E8%A1%A8，非精确统计。——编者注

后的犹太人也在科学发现和技术创新方面拥有举足轻重的地位，这和爱因斯坦的标杆效应不无关系。

第二，苦难造就卓越。苦难造就了犹太民族一种独特的自强、自尊、自立、永远奋发向上的精神力量，这种精神几乎渗透于每一位犹太人的骨髓和血脉之中。读欧洲诸国历史，包括俄罗斯罗曼诺夫皇朝的历史，你会发现，犹太人在泛欧国家的近千年时间中，大多数时候像过街老鼠似的被打压、迫害，到希特勒时代的德国达到顶峰。纳粹党为了证明雅利安人血统的高贵，居然牵强附会地论证耶稣基督是雅利安人，但同时又大规模地屠杀并企图灭绝他们眼中的“劣等民族”犹太人。但犹太民族依然在极端严酷的环境中生存了下来，而且战后迅速在金融和商业领域重新崛起，并在科学技术领地赢得显著地位。这无疑和它的民族精神有绝大关系，而这种民族精神无疑和它的苦难史有强关联。

第三，重视教育。犹太民族的人均受教育程度应该是世界上最高的民族之一，去过以色列、关注过以色列教育的人恐怕都对此印象很深刻。恰恰我去过以色列，并专门随团考察过以色列的基础教育。我只能说我们国家的基础教育与以色列的差距非常大。仅阅读量一项，以色列人 2016 年人均读书量 64 本，占以色列人口 80% 的犹太人的人均阅读量为 68 本，平均 5 天读一本书。第十六次全国国民阅读调查结果显示，2018 年我国成年人人均纸质图书阅读量为 4.67 本，差距不是几个量级啊！

教育是科学技术研究的基础之基础，犹太人在科技上的灿烂成就，是他们长期和普遍重视教育的自然结果。

第四，移民美国。美国是当今世界最强大的经济大国、军事大国、金融大国，但支撑它的繁荣和强盛的根本是科技和教育的强大，而这一切强大的背后是其开放的人才制度和创新土壤，以及完善的法治环境。正因此，在过去 200 多年尤其是 20 世纪以来，美国就像一个人才大熔炉，吸引和汇聚了世界上各种各样的奇才、怪才、天才和异端者，让他们的思想火焰熊熊燃烧，造福美国的同时造福人类。

毫不夸张地说，是尼古拉 · 特斯拉的诸多发明帮助美国成为一个强盛的工业帝国，但也不能不承认，身为塞尔维亚人的特斯拉如果不是移民美国，恐怕很难获得那么巨大的个人成就。同样，“计算机之父”冯 · 诺依曼（1903—1957）是匈牙利裔美国人，诺贝尔奖获得者杨振宁（1922—）和李政道（1926—）是华裔美国人，美国多个学科研究领域的领头人、一流科学家都是非美裔的美国人。

人类历史上有两次最大规模的人才移民潮，一次是 20 世纪初的一战和二战带来的，其中有大约 300 位欧洲大陆的科学家出走到美国，一次是 20 世纪 80 年代末的东欧剧变和苏联解体带来的，大批苏联、东欧国家的各类精英人才出走，移民美国和以色列。犹太人是最具代表性的移民群体，爱因斯坦是犹太人移民的领军人物。

截至 2018 年，在获得诺贝尔奖的 198 个犹太人中，美国籍的占了 128 位，其中出生于苏联、波兰、立陶宛、捷克斯洛代克等东欧国家的人有 23 位，出生于德国、英国、奥地利、法国、意大利等西欧国家的人有 51 位。

第五，犹太人科学家的使命与动机来源。我们在前面阐释了西方科学兴起的一个重要根源，就是 15 世纪到 17 世纪的宗教革命所引发的印证和荣耀上帝的科学思潮，这是牛顿和波义耳这一代科学家们的共同天职。从事科学研究的目的、动机、使命是为了确证神造宇宙、神造万物这一真理，从而恢复人对自然万物的重新统治。这是新教乃至天主教早期关于科学研究的一套基本逻辑。

然而，在犹太教的历史上却从未有过宗教革命，也未曾有过对上帝造万物的质疑运动，自然也就不存在印证和荣耀上帝万能这样的文化心理过程。在犹太教徒几千年的信仰史上，耶和华从来就是唯一的、全知全能的神，代表着永恒的真理。因此，从这一层面讲，19 世纪及之前，犹太人从事科学研究的非常之少，也许与缺乏深厚的动机有很大关系，这一动机或者是宗教动机，或者是商业动机。前者对犹太教信众来说本来就不存在，后者还需要时间的发育，科学研究在工业革命之前的很长一个阶段中，并未显现出它对人类生活、对商业活动的实在价值。直到工业革命蓬勃兴起的 19 世纪和 20 世纪，科学技术才真正成为人类物质与精神生活的巨大推动力，科学家从事科学发现和研究的使命与动机也具有了更强的世俗性与功利性。

真理有两种，一种是关于信仰的真理，它是绝对神圣的、不容置疑的、不许逻辑推理染指的领地；另一种是关于科学技术的真理，它是世俗的、实证的、实验的、怀疑的领地，试错与证伪是它的灵魂。基督教深受希腊哲学中民主与科学因素的影响，因此在它的基因中就包含着革命与批判的元素，蕴含着科学真理与宗教真理冲突的种子。而犹太民族似乎将这两种“真理”融合得非常好，并行不悖地存在于本民族的价值体系、精神体系之中，“上帝的归上帝，恺撒的归恺撒”，从而既保持了民族信仰、文化的纯粹性与古典性，又能把握和占据现代经济、文化和科学发展的制高点。

还有一点不容忽视，犹太教没有强大的教会机构，在上帝和信众之间没有天主教那样庞大的“信仰中介”阶层和“食利者”阶层——教会，这也是犹太教内部从未发生过宗教革命的重要因素之一。

## 关于科学动机、使命的一般性讨论与忧思

### 科学的征服：科学主义与物质主义

20 世纪是科学的世纪。正像 17 世纪之前的欧洲，评价和衡量事物与人的唯一尺度是《圣经》一样，尽管一千个人对《圣经》有一千种理解，天主教与新教对《圣经》有各自不同的解读，新教自身也分裂出了路德宗、加尔文宗、循道宗等若干宗教派别，但神却是各宗派和芸芸信众共同的精神依归、价值取向和行为准绳，一切皆曰之：听神的启示。

20 世纪人们的观念彻底变了。神的启示让位于科学的启示，宗教思维让位于科学思维，神的召唤演化为科学的召唤。20 世纪之前的法国，牧师是许多年轻人的第一职业向往，进入 20 世纪，从事科学研究、当科学家成为全世界优秀青年位居前列的人生理想。

科学一骑绝尘，正在单轨道上、单向度地向人类生活的所有方面进军和渗透。科学的技术化大大推进了工业革命的发展，从东方到西方，从发达国家到落后国家，每个团体，每个家庭，每个人，几乎每时每刻地直接或间接地受益于科技产品的影响，从能源到医疗，再到衣食住行，到教育与娱乐，到信息的摄入与流通，到人际交流……科技使人类生活变得前所未有的丰富、前所未有的简便和前所未有的多样化。

与此同时，科技也在深刻改变和挤压社会科学的叙事方式、研究方式、传播方式。哲学、社会学、心理学、伦理学、人类学、政治学、经济学以及管理学等的研究越来越趋同于自然科学，如同 19 世纪之前的自然科学研究被统合于自然哲学之中一样，今天的社会科学研究几乎完全被数理模型、生搬硬套的数学公式、物理概念所统治。统计学对社会科学研究的全面侵入在许多方面是有效的、有价值的，但也在很多方面扭曲了社会经济现象、人类精神现象的真实面貌。基于有限抽样、样本之上的静态研究严重忽视了人类心理与社会文化的动态变化与复杂性，其研究成果大多要么被束之高阁（因为几乎绝大多数人读不懂它们在表达什么，不像亚当·斯密的《国富论》，没有几个数学公式，事实无比丰富，语言生动而富于张力），要么被政治家或企业家采纳而带来灾难性后果，这样的例子比比皆是。

“看不懂”甚至只有作者本人或少数几个人才能看懂的哲学论文、管理学论文、社会学论文、心理学论文以及其他一些社会科学方面的研究文章，是当今社会科学研究领域的一大现象。也许的确是曲高和寡，但更严重的问题恐怕是社会科学作为一门独立的学问体系，已失去了自身的独立性，在自然科学席卷一切的浪潮中，社会科学和它的研究者们失去了应有的学术自信与尊严，哲学的庄严恢宏和宗教学的至高无上消逝了，亚当·斯密的《国富论》和卡尔·马克思的《资本论》中所闪烁的人类智慧的灿烂光芒，那些曾经深刻影响人类社会历史进程的皇皇巨著，在 20 世纪之后似乎越来越稀缺了。

没有什么比科学对宗教的伤害更厉害的了，前面我们讨论了很多，下面再举一例。彼得·沃森在《思想史：从火到弗洛伊德》中引述道，希伯来大学的考古学家认为，没有考古证据能够证明《圣经》中记载的一些故事和人物曾经存在过，比如犹太教徒和基督徒念念不忘的亚伯拉罕、挪亚、摩西或约书亚，也没有证据显示犹太人流亡到埃及，更没有英雄般的出埃及，也没有对迦南的武力征服。这些学者甚至怀疑大卫王、所罗门以及“统一的王国”是否存在过。那可是《圣经》描述的犹太历史上的黄金时代啊！

这样的“挖祖掘陵”式的科学研究显然走得太远了。正如我们在前面论述过的“两种真理”，一旦用科学真理检视信仰真理，信仰的大厦就一定会坍塌掉。信仰是建立在假定与想象之上的意识形态，是凝聚人类共同体的精神镜像，是一连串的故事，而不是物质形态。

人类与其他物种最大的区分就在于，人既活在物理的世界中，又活在自我编织的意识世界中。所以，人类在追求物质生活不断改变、改善的同时，也需要安魂曲，需要诗与哲学。可惜的是，人类从来都是在极端的方向上一路奔跑。几百年前一切听上帝的，几百年后一切听科学的，科学殿堂中的人与普罗大众言必称“这科学吗”，以科学观定义和评价万事万物。当读到机器人用大数据创作的“新唐诗”时，我简直要晕过去了。但，这就是人类今天的现实遭遇和挑战。

凡事皆有两面性。科技的征服给东西方人类社会带来的最大改变的另一面是，物质主义和消费主义的泛滥。我在华为大学讲过两本书。一本是瓦尔特·伍伦韦伯写的《反社会的人》，书中披露了一个惊人的现实：德国 1% 的财富阶层通过资本市场的钱生钱，却坐拥 36% 的社会总财富；靠社会救济生存的庞大失业人群，由于优越的福利制度，发展出了一种畸形的、享乐的、游手好闲的生活方式。金字塔尖和底座的两群人拥有相似的价值观：不劳而获。前者坐享资本红利，后者坐享福利红利，而新教倡导的“劳动是人的天职”的价值观却渐渐消逝。

另一本是保罗·罗伯茨的《冲动的社会》，表面上看这本书讲的是美国人、美国企业、美国社会和美国政治是怎么被消费主义文化、物质主义文化撕裂、扭曲、压迫的，但它反映的是一种全球现象，也是一种中国现象。人类包括中国人（中国也许更甚）从未如此广泛而深刻地异化成了单向度的“物质人”“物质动物”，即时消费，及时享乐，今朝有酒今朝醉，世界各大陆都呈现出一派末日狂欢的疯狂与喧哗。

科技，无疑是这一切现象背后最大的、最强有力的助推器。

“也许宗教永远不会消亡。也许今天传遍全球的宗教没有我们想象的那么持久。也许下一个伟大的信仰才刚刚开始。”这段话的出处我找不到了，但我认同作者的观点。人类永远需要信仰，而科学不能替代信仰。

在全球都在呼唤“科学向善”的当今，重振信仰文明对科学家、对人类显得尤为重要。

## 科学研究的人类使命、国家使命与商业动机

科学技术的 500 年演进史，背后是深刻而剧烈的观念演化史、变革史。如果没有 15 世纪前后的新教革命和文艺复兴运动，就很难在天主教内部、在欧洲形成广泛的思想解放，以及伴之而来的质疑上帝造物的怀疑主义思潮，而正是怀疑与去疑、质疑与捍卫的 200 年左右的观念之战，促成了牛顿、波义耳等一大批科学家的科学动机的形成。印证和荣耀上帝造物的神圣不可动摇，成为这一代科学宗师的至高使命。他们无疑是严格意义上的科学研究的先驱人物，主观上为了

上帝，客观上为了人类。

历史进入18世纪，一切都变了。一场剧烈的观念革命——思想启蒙运动让科学发现从神坛回到了人间。关注人，关爱人，解放人，人是万物最高的尺度，以人为中心、人本主义的思潮在冲击和颠覆“上帝中心论”的同时，也在改变和重塑18世纪之后的科学研究活动的动机，科学家的使命从对神的关注转向对人类生存、人类命运的关注。

爱因斯坦、特斯拉就是典型的人类主义科学家。特斯拉被称为“美国的科学先知”，在他的世界里，“地球不过是地球仪，被他轻松地按在食指下”，但他却说“我来到这个世界上，是为着人类而来的”，“人类最重要的进步，来自科技发明，而发明创新的终极目的，是完成对物质世界的掌控，驾驭自然的力量，使之符合人类的需求”。

“人类没有兔子跑得快，所以兔子永远是兔子；人类没有恐龙巨大，所以恐龙灭绝了；人类没有敏锐的嗅觉，没有锋利的爪子和牙齿，没有坚硬的盔甲，也不能飞翔，也不强壮……”动物王国的大多数动物都被上帝一次性塑造得很完美，而人类却充满了缺陷。但对不起，人类有苏格拉底、柏拉图和亚里士多德，有孔子、老子和庄子，有释迦牟尼，有《圣经》和《道德经》、佛经和《古兰经》，有牛顿和波义耳，有拉瓦锡和门捷列夫，有普朗克和克拉克，有爱因斯坦和海森堡，有达尔文和特斯拉，有图灵、香农和冯·诺依曼，有杨振宁和李政道，有斯蒂夫·霍金（轮椅上的科学先知）等一大批前赴后继的各种族和各领域的思想先贤、科学先驱，更重要的是，人类有强烈的危机意识。

恐龙统治地球一亿多年，因为没有危机感而被陨石灭绝。人类在地球上的历史仅仅几十万年，但已经开始了移居太空的探索。建议大家读读《人类的未来》这本书，相信会对人类的未来生存更加自信，也会更由衷地敬仰那些知名或无名的仰望星空的科学家，他们是真正的怀有人类使命精神的一群人。

但毋庸置疑的是，在科学研究从荣耀上帝转向关注人类时，科学和科学家的动机与使命的面相也变得丰富和多元了，其中最重要的两大面相是国家使命和商业动机，我们在下面予以简要分析。

科学家的国家使命在军事科技研究上体现得最为突出。军事是与死亡对抗的领域，这样的极端性质决定了军事科技的一大特质，即对人才与资本的高投入和压强性投入，而且不计成本。国与国之间军事对抗的背后事实上是科技的军备竞赛。两次世界大战就科学意义而言，大大加速了人类的科技发展与进步。美苏在 20 世纪 50 年代至 70 年代的武器竞赛、太空争霸都对它们尤其是美国的科学发展起到了加速器的作用。军事科技竞赛的背后是人才争夺战、人才战略的争夺战。《五角大楼之脑》一书对此有系统和详尽的描述与分析。

过去 100 多年，许多著名的科学家都或多或少、直接或间接地参与了军事科技的研究，爱因斯坦是原子弹的理论奠基者，艾伦·图灵（1912—1954）不仅被称作“计算机之父”和“人工智能之父”，而且是二战时期立下大功的密码破译专家，“由于他的贡献，使得二战足足提前了两年结束”。同样是“计算机之父”的冯·诺依曼，不仅参与了曼哈顿计划，为第一颗原子弹的研发做出了贡献，也是美国氢弹研发的主持者之一。

毫不夸张地说，我们人类今天生活的大部分都与军事科技有关系，比如材料科学、生物技术、医学、能源、大气监测，再比如计算机、互联网、手机以及机器人，它们大多都先发端于军事研究和军事应用，进而民用化、商业化，从而造福于大众。

与军事科技比肩而进的世界工业革命，既是科技发展的产物，同时也是科技突飞猛进的“助产士”。军事竞争持续推动着主权国家对科学研究的投入，商业竞争持续推动着企业对科技创新的投入，军事与商业共同推动着国家、企业和社会对教育和人才培养的投入，这是过去 200 年左右科学研究领域的一大景观。在此之前，大学与科学研究的经费主要来自教会、王室和个人的捐助，科学家的收入少得可怜，亚当·斯密在《国富论》中讲道，“在印刷术发明之前，学者和乞丐几乎是同义词”。但当商业与科学家走到一起时，干柴与烈火之间的燃烧就形成了前所未有的爆发效应，而且会持续剧烈地、几何级地、加速度地燃烧下去。

商业从科技创造和创新中尝到了巨大的甜头，科学家和技术专家们也从商业增值中获得了丰厚的利益。从此，科学家的发明动机多了一项至为重要的内涵：商业动机。爱迪生就是一位强烈的利益驱动的伟大发明家。但不可否认的是，从对人类社会的贡献看，爱迪生也无疑是一位人类主义者。

人类个体的行为动机是非常复杂的心理现象，科学家亦然，尽管早期的科学家以荣耀上帝为使命，但他们也有物质生存的欲望驱动。世俗时代、商业时代，科学家群体中既有从事“火星移民”的人类担当者，也有国家主义者、商业主义者，但大多数人从事科学研究的使命与动机是多元的、丰富的、复杂的，然而，这并不影响他们对人类进步与发展的贡献。他们是形形色色的人，是通过自身卓越的大脑和勤奋改变世界的人。

## 中国需要一个爱因斯坦，华为需要一个特斯拉

马克斯·韦伯在《宗教社会学论文集》绪论中断言，“唯有在西方，科学才发展到我们今天认为是‘有效的’阶段。在西方以外的其他地区，尤其是印度、中国、巴比伦和埃及，一直存在着经验知识、对世界和生命问题的反思、最深奥的哲学和神学智慧——不过，系统神学的充分发展仅仅出现在受希腊文化影响的基督教中——以及极为精致的知识和观察。然而，巴比伦的天文学和其他地方的天文学一样都缺乏天文学的基础，而只有后来的希腊人提供了这种基础”。韦伯认为，基督教之外的民族和地区“缺乏理性的证明的观念”“缺乏力学和物理学”“缺乏现代意义上的实验室”“理性的化学都付诸阙如”。

韦伯在新教和商业、基督教和科学之间穿起了一条严密的逻辑之链，有其深刻的道理，但以此否定和排斥其他文明与商业、科学之间的关系，并非完全正确。就在韦伯去世后的第10个年头，印度有了第一位诺贝尔物理学奖获得者，印度迄今有三位诺贝尔物理学奖获得者。印度数学家斯里尼瓦瑟·拉马努金（1887—1920）被称为“重塑了人类百年数学”的天才人物。与中国文化同源同脉的日本，1949年至2019年的70年间，有27位科学家获得了诺贝尔奖；而在1905年，24岁的犹太青年爱因斯坦发明了狭义相对论，35岁发明了广义相对论，继此之后的100多年，信奉希伯来文明的犹太科学家群体对人类科学技术的贡献令人瞩目。

15世纪至20世纪中叶，欧洲和西方世界到处在闹变革，宗教变革、文化变革、思想变革、社会变革与政治变革、商业变革，这一系列变革都为科学的兴起准备了肥沃的土壤。而500年左右，无论是处于稳定期还是处于动荡时期，中国基本国策是一脉相承的：修长城——物理长城和非物理长城。拒绝开放与闭关锁国是我国科学技术落后的一大主因。加之19世纪中期至20世纪上半叶的外敌入侵，使得中国的科技发展大大滞后于西方世界。

客观而言，20世纪50年代以来尤其是改革开放之后的40年，中国的科学技术有了巨大的进步，这得益于以下几个因素：第一是稳定的社会环境，第二是对外开放，第三是国防发展对科学研究和工程技术创新的需求，第四是各门类的制造业的大规模发展对科技创新的需求倒逼效应。截至 2018 年年底，中国的科研人员总量达到 419 万人，超过美国；研发投入超过欧盟各国的总和，位居世界第二；国家重点实验室 501 个，国家工程研究中心 132 个，国家工程实验室 217 个，这中间并未包括一些民营科技企业比如华为的科研实验室；科学论文被引用次数占世界第二，专利发明量大幅提升，在基础研究和高技术领域也取得了许多重大科技成果。

然而，与美国、日本、欧洲一些科技大国相比，我们与别人的差距仍然是明显的、巨大的。我们需要在许多方面加以改进。

首先我们需要一个爱因斯坦。爱因斯坦为 100 年前的犹太人在科学领地树立了一个标杆。我们其实有一位“中国的爱因斯坦”——杨振宁，2000 年《自然》杂志评选人类过去千年以来最伟大的物理学家，杨振宁位列第 18 位，并且是榜单上唯一在世的物理学家。与他一同在榜的人有牛顿、爱因斯坦、麦克斯韦尔、薛定谔、玻尔、海森堡……

有人写文章说，我们的社会欠杨振宁先生一个道歉。何止一个杨振宁？还有杨振宁的导师叶企孙（1898—1977）等一大批杰出的中国科学家。叶企孙是中国物理学界的奠基人，门下出过两位诺贝尔奖获得者，从事中国核武研究的一半的科学家都是叶企孙的学生。但叶先生中年以后的人生遭遇却极其坎坷。

尊重人，尊重人才，尊重科学家的自主性和创造精神，是中国科学研究走向强大的先决条件。

同等重要的是，科学家、科学研究和技术创新永远需要一种宽容、宽厚、宽松的氛围，需要一种自由思辨、自由探讨、包容质疑、鼓励失败的学术土壤，需要一种对成功者、对贡献者、对英雄的激赏，也要激励和容忍探险者、冒险家和失败的英雄。比如眼前我们就面临一些棘手问题，怎么看待贺建奎的基因编辑研究，怎么对待潘建伟的量子通信研究可能的失败结果，也包括我们怎么看待华大基因公司那个动辄口出狂言的创始人兼科学家汪建。

还有一点至为关键，就是我们的教育，从观念到体制到教学方法，千年以来积弊甚多。至少在民国之前的数百年，中国教育的主要目标是服务于官僚体系的，一代代的读书人几乎绝大多数被一网打尽，成了官或吏，“万般皆下品，唯有读书高”，而秀才、举人们又无不以成为高高在上的“统治者”为毕生期待。基于此，从小到大的读书人读的皆是为官、为人之道的“圣贤书”。教科书基本上是治人之论、治世之论，与自然科学、自然哲学完全绝缘。正由于是在一个完全封闭的单行道上，行驶着一个完全封闭的思想容器，所以我们的教学方式几乎完全是填鸭式的、灌输式的、单向度的，缺乏独立思考和自由思辨的氛围，缺乏开放与理性质疑的学术土壤。教育的封闭与僵化是过去中国科技发展长期滞后的主要根因。

当今时代的全球科技竞赛本质上是人才的竞争。2015 年我在新加坡国立大学访学时，有一位新加坡智库的资深专家讲了一段话：清华大学是中国第一学府，办学宗旨怎么能够是“工程师的摇篮”啊！

结果清华大学最优秀的人才大半都去了美国，成了美国的科学家。这的确很发人深省。

有位企业主管曾经不屑地说，美国有什么？美国的科学家不都是从别国去的吗？是的，的确如此。但这恰恰是美国了不起的地方，也正是我们应该向美国学习的方面。200 多年来，美国就像一个熊熊燃烧的大熔炉，吸引了全世界的优秀人才，为美国的繁荣与强大贡献才智（作者注：近些年来，美国正在背离它的开放与自由传统，走向自大与封闭的孤立主义，正在步入不可逆的文化衰变与制度疲劳）。我们国家岂不应该如此吗？我们的说法叫“筑巢引凤”，这也是个很好的说法，但这个“巢”必须筑得大大的、宽宽的、亮亮的，让全球的凤凰飞到中国巢中，为中国、为人类做贡献。

华为 30 多年的技术成就和商业成就，某种意义上说，就是因为它是一个微型的“传统美国版”公司，是一个开放的人才大熔炉。华为今天有上千位的科学家和技术专家，6800 位博士（截至 2019 年 12 月 10 日），他们分布于全球尤其是北回归线以北的几十个国家，他们是英国人、法国人、俄罗斯人、意大利人、加拿大人、德国人、日本人、中国人……但他们也都是华为人。

当然，华为还缺一个人：尼古拉 · 特斯拉。如果哪位华为人能够为公司请进一位特斯拉式的天才科学家，那么任正非应该给他颁发一枚十吨重的金牌奖章。

# 第12讲

# 你点亮蜡烛，黑暗会自动消失

## ——《极简宇宙史》带给组织管理的思考

## 引子：我与加尔法德博士的因缘际会

本讲主要是我对加尔法德博士的《极简宇宙史》这本书的解读。这里首先强调一点：请大家不要用严谨的理论物理学的观点去看这个解读，因为下面我要分享的内容会从组织管理的层面展开，并且会以类比、推演的方式探讨宇宙和企业组织之间在逻辑层面有哪些相似，对管理会带来什么样的联想和启发。当我们从完全不同的维度和视角来思考这一问题，也许会有额外的惊喜。

先讲一讲我和克里斯托弗·加尔法德先生的特别渊源。2017 年的春节，完全是出于无意，我打开了从机场书店买回的《极简宇宙史》这本书，结果一下就被吸引住了，居然有人能将理论物理学描述得如此生动，如此富于诗意和哲学色彩，这令我兴奋和痴迷，连着 3 天，读了第一遍。过了几天，我又花一周时间精读，做了上万字的读书笔记。一个假期我基本上都沉迷于加尔法德描绘的奇妙世界之中。

加尔法德博士带我们遨游到了光线可达到的最远处，也带我们进入了构成这无限宇宙的最微小处——量子世界。他在 350 页的书中以最生动、最直观的语言向读者介绍了20世纪以来地球上最聪明的一群人的思辨力、想象力、创造力，以及他们的思想结晶。我的感受是，任何一个高中以上文化程度的读者，只要感兴趣，都能读懂这本书的一大半。这就是作为理论物理学家和科普作家的加尔法德厉害的地方。说实话，他的老师霍金的《时间简史》，我若干次耐着性子去读，读得晕晕乎乎，似懂非懂，一次都没读完。加尔法德是霍金的关门弟子。

当时我就萌生了一个强烈的念头：见见加尔法德其人。正好两个月之后，我去剑桥大学嘉治商学院做访问学者，请该学院的尹一丁老师试着帮忙联系下加尔法德博士，没想到博士欣然答应。但我俩的时间又凑不到一块，他来剑桥时我在格拉斯哥大学，我回剑桥时他回了巴黎。我和尹一丁老师都很遗憾，以为这次见不上面了。谁知没过几天，加尔法德发邮件给尹一丁老师，说如果我确实想和他见面交流的话，他可以从巴黎赶到伦敦的中央火车站，大家在那里的一家酒店餐厅会面如何？于是几天过后的一个中午，我、尹一丁老师等人，一起在伦敦火车站旁的一家古典气息浓厚的酒店三层见到了加尔法德博士，边吃午餐边交流近3个小时。

总之，我们聊得非常投缘，虽然要通过尹一丁老师翻译进行交谈，但我们都有相见恨晚的感觉。最后我邀请他访问中国，他欣然接受了，以前他从未来过中国。半年之后，Future Lab（未来实验室）的年轻人在我的建议下，正式邀请加尔法德到访北京、上海，后来他到北京大学等高校演讲，到贵州天文台演讲，到北京去天文馆和天文爱好者们见面，他的每次讲座都引起了很大轰动。本讲这个宇宙与企业管理的对话，是他来北京我在家中宴请他时，我们俩天上地下、天南海北地聊出来的想法。我们共同认为，人类文明的规律与宇宙演化的规律有太多相似之处，天体运行的逻辑与社会管理、企业管理有诸多相通之处，正像构成恒星、行星、卫星的本质是能量一样，构成人类组织的本质也是能量，是能量与物质的相互转换。

## 宇宙启示人类：构造健康的价值观

我们知道，在过往的数千年尤其是最近500年中，人类的某些精英群体比如政治家、企业家、科学家们相继创造了很多伟大的奇迹，推动着人类历史的进步和飞跃。他们的成就固然可圈可点、令人钦佩赞叹，但与此同时，“伟大”很容易让我们变得自大和傲慢。

但当站在宇宙的视角看人类，我想不管是自大狂妄的美国总统特朗普，还是奔跑在2018年世界杯足球赛莫斯科球场上的球星们，大概每一个人都会或者都应该变得谦卑起来——因为人类在浩渺的宇宙中实在是太渺小了。

天体科学家们推论，宇宙中类似银河系这样的星系有2000亿个，银河系中类似太阳这样的恒星有3000亿颗，加尔法德在他的书中有一个比喻，假使你找一个一米见方[①]的纸箱，用海滩上的沙子将它填满，再用同样的沙子装满300个同样的纸箱，银河系中恒星的数量就和这300个纸箱中的沙粒差不多。你给代表太阳的沙粒染上颜色，并把这些沙子铺满足球场，去找太阳——那粒染色的沙粒。

在寻找太阳沙粒的过程中不知你是什么感受？还有，我们生存的蓝色的地球在哪里？地球比太阳小了100倍啊！

我们必须承认和接受的一个冷峻事实是：人类赖以生存的地球是围绕着太阳自转和公转的一个冷冰冰的扁圆的石头，一个蓝色的沙粒。那我们由此可以想到的是什么呢？我的联想是：第一，人类的一切伟大都是相对的、渺小的，是无足轻重的；第二，人间一切所谓的财富、权力、恩爱、情仇，都是在这样一个无着无落的靠引力去维持运转的小得不能再小的石头上展开的，那么你还有什么放不下的呢？

这样的答案会不会让我们变得悲观起来？就我个人而言，读了《极简宇宙史》之后，我的人生观、价值观可以说发生了全新的变化，变得非常乐观、友好和豁达。

这里我要讲到一个人，一个在中国的企业家中被认为是“伟大的人”——任正非。当媒体将“伟大”这个词放在任正非头上的时候，他这样回答：“是，我很尾大，我是那个大尾巴松鼠。”

---

① 见方，指以某长度为边的正方形或平面尺寸达到正方形的状态。——编者注

显而易见，华为能有今天这样暂时性的、阶段性的、世界级的成功，相当重要的一点是创始人任正非在价值观层面的看开、看透和看淡。任正非一个很重要的特质是对通常商人、企业家都很看重的财富、权力和荣耀感视若清风，不会为这些身外之物而纠结困惑，其结果就是华为 100% 的股权被 9 万多公司员工所拥有，而任正非本人只拥有 1.14%（2018 年数据）。

华为能够发展到今天，还有相当重要的一个因素就是充分地开放权力，充分地释放权力。华为创业至今 30 多年，任正非不直接拥有人权、财权和经营权，如此一来的结果就是公司内部那些拥有事业雄心或发展野心的员工们，通过自身的努力逐渐实现管理权力的掌控和个人才华的施展。从普通员工到中层干部再到高管，每个人都尽其才、展其能，企业又怎么可能不发展、不壮大、不成功呢？

一个卓越的组织领导者，一定要有系统的、健康的价值观，要把俗世中的名、利、权这些身外之物看开、看透、看淡。把这些都看开、看透、看淡是不是就是悲观、消极、不作为呢？恰恰相反，正因为有了一种通透的价值认知，才有可能放下包袱，轻装前进，无所畏惧，积极进取。

送给大家一段话："你点亮蜡烛，黑暗会自己消失。不要试图跟黑暗对抗，因为黑暗并不存在。所以忘掉黑暗，忘掉恐惧，忘掉所有萦绕在你脑海里的负面的东西，只要点燃一根蜡烛。"这根蜡烛是什么呢？大家可以多重解读，它既包括我们的热情之火、信念之火，也包括科学带给我们的豁然开朗。

这是我想分享的读《极简宇宙史》的第一层感受。无论对企业家还是对每一个希望创造精彩人生的人，首要的就是要知道天地宇宙之大和人类自身的渺小，从而构造一种积极进取、健康向上、谦卑开放的人生观和价值观。

## 无竞争不合作是企业死亡的加速器

我读《极简宇宙史》的第二层感受是关于竞争与合作。竞争和合作都不是人类的发明，本来就是宇宙的基本法则之一。

科学证明量子世界中各自都是有地盘的，不能随便侵入对方的领地。大自然从微观到宏观每分每秒都呈现着自私自利、互相搏杀的状态。也就是说，运动、变化、竞争是宇宙的一种常态法则。这是否也是企业组织内部、外部的基本法则呢?

我想只要做过企业的人对此大概都有深刻体会。在市场上，我们要跟无数的对手去竞争；在企业内部，员工之间的竞争、团队之间的竞争亦是常态。而且，我们必须意识到，没有竞争和变化对于一个垄断型的企业就意味着动力机制的丧失和懈怠的滋长。没有竞争带来的压力和个体与群体的持续的应激反应，组织能量就会衰减，组织机体也会缓慢死亡。

但有意思的另一面是，宇宙中所有的星系又都在合作，都在共跳

“芭蕾舞”，它们各自独立、互相厮杀、相互依存。

企业同样如此。一家企业与对手之间不仅有竞争，还有合作。无竞争则无动力，无创新的动力，无扩张的动力。独大导致垄断，垄断带来死亡。但是，对手之间既是冤家兄弟，又是欢喜兄弟，相互纠缠在一起面向未来，向创新要增量，向客户的潜在需求要市场增量。回溯过去 30 多年全球信息技术行业的发展就更能认识到这一点。正是摩托罗拉、爱立信、诺基亚等老牌企业的竞争与合作，才使得这个行业在 20 世纪末前后爆发出了惊人的创新能量和市场能量，而正是华为等新兴竞争对手的崛起和谷歌、亚马逊、阿里巴巴、腾讯等一批互联网企业的互相缠斗，才使得这个行业在 21 世纪前 20 年的时间，一举成为主宰人类全方位生存的巨无霸产业。但是，残酷竞争的另一面又充满着合作，比如各种各样的标准组织的出现，再比如竞争双方或多方的专利互换，还有市场上的产品互补等。而最重要的又是竞争者之间多层次、多方位的信息交流。

华为全球化的成功，相当重要的一点就是竞争与合作的动态平衡。当然首先是竞争，是实力的比拼。企业的综合实力决定了与对手合作的对价能力，没有足够的技术实力和产品实力，就没有与任何对手讨论合作的基本资格。

爱立信的前任总裁曾经说过这么一句话，“假使诺基亚、爱立信死掉了，华为将找不到未来的方向”。任正非则说：“我们一定要在信息技术的彼岸竖起华为的信号塔，但是我们决不能让诺基亚、爱立信这样值得尊敬的对手死掉，我们要共同合作、面向未知。”这就是华为的竞争合作观。

任正非曾经说“我们已经进入了无人区”，华为内外部对此都有一些误读，认为任正非口气太大，华为变得自大了。其实任正非讲的“我们”指的是整个产业和大家共同面临的基础理论的挑战：香农理论和摩尔定律已逼近极限。正因此，全球信息技术产业的领军企业包括华为、谷歌、爱立信、诺基亚和思科等更需要携手合作，以突破基础理论的无人区。

组织内部当然也要倡导团队之间的竞争以及个体与个体之间的竞争。首先竞争本来就是一种客观存在，是一种本能。同时，如果没有这种竞争，你好我好，到处都是大锅饭，那一定是灾难性的。但是，如果我们只倡导竞争，又会搞得内部互相倾轧，你争我夺，鸡飞狗跳，这又是另一种灾难，组织会走向四分五裂。所以，组织永远面临着无数的悖论，一个健康的组织永远要在悖论中前进，比如既要张扬个人英雄，又要推崇群体英雄，既要推进内部竞争，又要强调群体合作等，华为有一个口号叫作“胜则举杯相庆，败则拼死相救”，说的就是这个道理。

我们再回到关于宇宙的话题。加尔法德博士在《极简宇宙史》中有这样一段生动的描述：会不会有一天，仙女星系与银河星系融合？两个星系显然绕着对方转动，但是它们也在互相接近，速度高达每秒一百公里，按此速度，40 亿年后两个星系将撞在一起。

我在想象这两大星系相撞的结果会是什么？是一起毁灭，还是诞生一个新星系呢？显然，加尔法德给不出结论，当今和未来的任何理论物理学家也给不出结论。只有它们真正走到一起，我们也许才能知道结果是喜剧还是悲剧。

进而我展开联想：这跟企业并购一样，企业的并购一般来说是两到三种结果。第一种结果当然是成功，皆大欢喜，第二种结果是失败，而更多的是第三种，并购带来的不死不活。不知道仙女星系和银河星系互相“兼并”之后是哪一种结果，不会是不死不活吧？

说到这里，我们不难发现，无论是加尔法德博士所从事的宇宙研究，还是社会科学家所从事的组织的研究、人性的研究，其核心目的就是探索规律和揭示规律，进而遵循规律。宇宙的规律对我们认识和把握人类组织的规律有没有一点启发性？我认为应该是有的。

## 破坏与创造一样伟大

《极简宇宙史》带给我的第三层思考：破坏与创造一样伟大。

月球是怎么诞生的？40 亿年前，一个不明行星撞击了地球，然后从地球表面撕扯下来了一块物质，这块物质变成了很多的碎片，这些碎片又经过几亿年的旋转，最后聚合在一起，形成一个环绕它们的“母亲”地球的“石头”，并且永不停歇地绕着地球公转和自转。

如果没有别的星体与地球的灾难性碰撞，就不会有月亮照亮人类的夜晚，不会有潮汐变化，地球上也不会出现我们现在所熟悉的生命形态。

这场宇宙级的灾难性事件所带来的破坏与创造一样伟大，或者说是一次巨大的破坏带来了一种全新的创造。这样的惊心动魄的破坏和再创造每时每刻都在太空之中上演。它事实上在启示我们，破坏与创造是一对孪生体，没有破坏就没有创造。这本来就是宇宙间万事万物的规律。

具体到人体，人体内每分钟有 3 亿个细胞死亡，每天大约有 10 万亿到 50 万亿个细胞被更新，前者是死亡、是破坏，后者是创造、是再生。大至星体，小到人体，微小到粒子，生命体从来都摆脱不了破坏与创新、死亡与重生这样的代谢逻辑。

所以，千万不要认为破坏都是不好的。破坏是创造的孕床，这在企业组织中也是一条基本规律。宇宙中的破坏无处不在，组织的演化过程中同样充满了破坏，组织只有在不断破坏中才能不断重生。

我们再看华为 30 多年的组织演化逻辑。华为 30 多年的发展历程有一个很多人没有注意到的现象，就是折腾，折腾，不断地折腾。它不断地调整人员，不断地调整组织，拆旧庙盖新庙，“换血”与“输血”，周而复始地循环折腾。组织家们把这种做法称作“变革”。华为如此，这个世界上一切伟大的组织皆如此。

美国的制度中就蕴含着折腾的基因。美国大企业的历史无不是一部吐故纳新的历史，也无不是一部不断在破坏中创新的历史，在组织变革上不断拆庙与建庙、送旧人迎新人、“换血”与“输血”的历史，在技术与产品上不断自我否定与自我创造的历史。一旦这样的“破坏—创造”的循环滞缓了、中断了、停止了，企业的生命也就走到了尽头。

华为的“折腾文化”和持续变革不过是美式文化、美式变革的翻版而已。

这里的问题是：如何从破坏走向创造？“为破坏而破坏”一定是有害的。破坏的目的是为了更好地创造，而不是毁灭。我们从天体演化规律得到的启示是什么呢？被撞掉的地球碎片并非孤魂野鬼，它们都有一个共同的宿主，一个共同的“母亲”——地球，这个“母亲”永远在朝它的那些无数个“儿女”挥手，发射爱的信号和回归的信号。科学家把这种信号称为引力。

那么，一个组织的引力是什么？我想应该是组织文化，是共同的价值观和共同的使命与愿景。前面我说过，任正非在华为主动放弃了人权、财权、经营权等通常被认为是企业最重要的东西，那么在他眼里最大的权力是什么呢？是思想权。这个思想权就决定了企业的最高领袖的第一职责和第一要务：文化建设与制度建设。企业文化的基石、制度的基石一旦坚实了，所谓文化引力、制度引力也就形成了。

文化与制度的基石越坚固，对个体和团队的引力就越强大。

华为历史上进行过一系列貌似激进的变革。1996 年年底，华为开展了市场部大辞职的活动，要求市场体系的主管包括各个代表处的正副职同时递交两份报告，一份述职报告和一份辞职报告，由公司进行重新安排，涉及的人有上千个。当时摩托罗拉的一位亚太区高管对此的评论是：这是商家之大忌。一位主管在一方地盘好不容易建立起来的客户关系，随着这位主管的离开就有可能丧失掉，更何况所有的地盘都要换将换帅？然而，这样一次“破坏性极大”（摩托罗拉高管之语）的变革行动在华为却开展得相当顺利，不但没有影响士气，而且士气大涨，更重要的是，破坏导向创造——换防制成为一项铁打的干部轮岗制度，激活了组织活力，也有效防止了山头的形成，并且促进了市场的拓展。

2008 年，华为又发动了一场接近 7000 人大辞职的变革，规定凡在公司工作 8 年以上的员工一律申请辞职，根据公司需要和个人意愿，双向选择再次续约或不再续约。这样的激进变革在社会和媒体上炒得沸沸扬扬，在华为内部却是风平浪静，这固然和华为的变革方法与节奏有很大关系，但根本上是由华为的文化与制度设计决定的。第一，选择辞职的员工都是华为的股东，股东们为了公司的长远发展乐意做出牺牲；第二，他们普遍认同华为的使命与价值观，信奉“以奋斗者为本”，所以愿意让更有能力、更有饥饿感和使命感的人走上奋斗的舞台。变革后期，大多数人被续聘，但他们中的一些人的岗位也发生了变化，有些人的担子更重了，有些人被从主流部门挪开了。而且每个人的工号也变了，论资排辈的现象至少从形式上消除了。

华为历史上类似的激烈变革还有许多，包括 2003 年的集体降薪活动等。但值得深思的是，这样的“破坏性变革”不仅没有造成组织的崩溃，相反带来的是强大的战斗力和凝聚力。这体现在两点：

一是 30 多年间，华为的员工人数由创业初期的 3 个人增长到了 18 万人（2019 年年底达到 19 万 7 千人），其中外籍员工 4 万多名，覆盖了全球 165 个国家，科学家、技术专家上千名，博士生 6800 多人，在华为工作 20 年以上的近千人。这些数据说明，华为的文化引力和制度引力是强大的，它不仅对一流人才有持久的吸引力，而且对多元文化背景的人才也同样具有吸引力。

二是，在过往 30 多年全球经济风云变幻的大背景下，华为 30 多年的业绩持续保持高增长，技术与产品实力也进入全球领先行列。“破坏—创造”式的变革无疑起到了巨大的推进作用，而文化与制度的引力效应又促进了变革的成功。

## 战略的本质是试错与纠偏

我读《极简宇宙史》的第四个体会是：不确定性是大自然最深刻的本性。

《极简宇宙史》一开始呈现给读者的是时空穿越到 50 亿年后的假设画面，一个行星在熊熊燃烧，这个火球就是我们的地球。紧接着另外一个画面出现了，太阳大爆炸对外辐射出巨大的热量。这是一种叫作“基于太阳内部氢原子的储存量做的关于太阳寿命和我们所赖以生存的地球命运的测算”。

这种测算背后是一套逻辑自洽的数理模型。准确吗？理论上无法证伪，所以至少在当下是准确的，但却无法验证。什么时候可以验证？或者被证实，或者被证伪？恐怕只能在大爆炸真的发生的那一天。但是，距离太阳爆炸、地球燃烧的那一日还有50亿年，在这对人类来说无比漫长的岁月中，只要人类还存在，人类一代又一代中的那些大脑袋、那些理论物理学家，就一定会时时刻刻地仰望星空，根据太阳星系内外部运行参数、氢原子的储存量（资源储备）的不断变化，对今天的科学家关于太阳和地球未来的前景进行修正，乃至全盘推翻。

其实，不但自然科学是基于假设的科学，是基于有限信息、有限数据进行模型设计的科学，社会研究、组织管理活动同样充满了假设之上的预测，或者叫基于已有数据和信息之上的战略设计。它们都有一些共同点，一是数据和信息的有限性，二是数据与信息的不确定性，三是数据与信息的变化性，四是数据和信息的是否可靠性，五是数据和信息的不完整性，六是偶然性数据与信息的干扰，七是掌握和应用数据与信息的识别力与决策力。

以上诸因素就从根本上决定了战略的本质和决策的本质是冒险与试错，是自我批判、自我纠偏和自我修正。什么叫作一流的战略家？不是你对未知精确的判断。没有什么天纵英才，任何人手中握有的骰子都是非线性的，混合着概率与运气等多元因素。真正卓越的组织领袖，一是善于发挥群体的想象力，二是不迷信所谓永恒真理，三是在方向大致正确的前提下敢于面向未来押赌注，四是用组织活力弥补和战胜方向上的偏差，五是在前进过程中不断矫正准星，或者不断微调战略靶心。

战略设计的最大禁忌是乌托邦主义，是追求完美。战略家的最大禁忌是教条主义和形而上学。

有人曾开玩笑说，华为前 10 多年关于产品方向的战略判断几乎从来没有对过，但为什么在整个行业 30 年产品转型的每个阶段，华为都能够踏上节拍，并且超越竞争对手呢？相当重要的一点就是华为强大的组织活力，在规模小的初期“人自为战，村自为战”，以游击队的机动灵活的战术和上下一心的艰苦卓绝，形成刀片一般锋利的后发优势，弥补了战略上的误判；而在华为成长为正规军、集团军之后，公司的产品战略能力变得厚实了，不仅是全球行业的战略跟随者，而且也在许多技术和产品方向上成为标准的制定者和战略引领者。但这个方向与战略的制定和实施的过程，仍然离不开一个强大的机制：试错和纠偏的能力。

那么，显而易见，一个事后被证明正确的战略，必须有几个前提：第一是组织文化和制度上的容错机制，容忍错误，甚至鼓励犯错，这是首要的；第二是自我批判与自我纠偏；第三，既要重视经验，也要警惕经验；第四是强大的组织活力。

人类就像海洋里的鱼，在前行的过程中运气的确很重要，但它是无法被依赖的。能够被依赖的只能是我们的理性判断，以及我们对理性盲点的及时纠正能力。

## 小而强的企业生命力更持久

《极简宇宙史》带给我的第五层思考：永生之道，或者说基业长青之道。

人类追求长生不老，企业家谋求基业长青，但这都是遥不可及的梦想。宇宙起源于138亿年前的一次大爆炸，有始就有终，因此宇宙总有一天会停止膨胀，然后迅速走向坍缩，直至重归寂灭。太阳和地球的命运不是已经被加尔法德们设计好了吗？所以，永生是不可能的。然而相对永生，或许长寿是有可能实现的。

《极简宇宙史》这本书告诉我们的永生之秘诀是：要想永生，你就要把自己变成光。光有两大特性：一是极快的速度，二是不带任何的质量。因为在光速的层面，时间停止了，时间停止了你就永远不会衰老。沿着这个思路我们可以展开联想：在组织管理中，组织对内外变化的快速响应是否可以降低组织衰变的速度和程度？我想应该是的。问题是组织是由充满了欲望和不同个性的人构成的，是有质量的，质量固然可以转化为进取的能量，但也是组织的负累，会影响和降低组织对变化的响应速度，也会腐化和变质。

我们在前面讲到华为“破坏—创造”式的变革模式，我个人倾向于认为，任正非在长期的盲打盲试的实践探索中，逐渐形成了华为自身关于变革的一套价值观与方法论，直到 2009 年前后，他又从热力学定律中得到了重大启示，形成了提纲挈领式的变革的理论“抓手”：熵减。用任正非形象的比喻来说就是，组织通过运动将脂肪和赘肉燃烧掉，并进而转化为肌肉。组织的脂肪少了，肌肉强健了，战斗力自然也就强大了，组织生命也就得以健康延续了。

《极简宇宙史》告诉我们恒星长存的第二生命法则是：体积越大，寿命越短；体积越小，寿命越长。

这样的宇宙法则对中小企业而言无疑是福音，但也不尽然。企业的大与小是一种辩证关系。有人说船小好掉头，又有人讲船大抗风浪的能力也强。但无论企业的规模大或小，首先是要做强。有记者问一位著名的企业家：“如果在先做大还是先做强中做选择，你会选择什么？”据说这位企业家迟疑了一下说，“那还是先做大吧”。这种回答显然值得商榷，后来的事实也证明这样的选择是有问题的。

我们不仅从恒星法则中得到的启发是体积越小，寿命越长，同时，从过去几百年的东西方企业史中也能看到相似的逻辑。德国、瑞士和日本有很多经营百年的小企业，它们活了一百年、两百年甚至更长时间，但依然活得很健康，而且是世界级的小企业，技术不断迭代，产品不断更新，品牌独一无二，市场覆盖全球。它们绝大多数都在一个细分领域长期耕耘了几十年、上百年，甚至几百年，全球市场占有率高达 60%~70%，甚至更多。

然而，全球活过百年的巨无霸企业数量却很有限，并且现在大多百病缠身。巨型企业的管理难度显然比小企业大了很多，最具挑战的问题是躯体过于庞大，在大变化、大动荡的时代反应普遍迟钝，闪转腾挪的灵敏度不够，而且大而傲慢、大而自大、大而腐化懈怠是通病。

## 拿什么去抵抗和战胜“组织黑洞”

最后要分享的是《极简宇宙史》带给我的第六点启发：天体黑洞与“组织黑洞”。

银河系的中心是个黑洞，体积非常小，质量极大，引力极强，对时空造成的扭曲也无比巨大，星系里的所有恒星都要围绕着黑洞去旋转。黑洞是恒星的坟场。恒星日复一日地环绕黑洞急速旋转，一不小心就会被黑洞所吞噬。宇宙中 2000 亿个星系的中心都是由黑洞构成的。某种意义上可以说，黑洞主宰着星系的运行轨道，甚至还可以说，无数的黑洞左右着宇宙的运行逻辑。宇宙最终将完全被黑洞所统治，而黑洞最后也会消亡。

《极简宇宙史》我累计读了四遍，正在读第五遍时，加尔法德很好奇地问我，第五遍为什么读得这么慢？我半开玩笑半认真地告诉他，读第五遍时，我思考了一个很沉重的话题，人类组织的黑洞是什么呢？是人的欲望吗？

欲望为个体提供了奋斗的动力，也是组织持续扩张的元动力。但欲望走到一定边界，跨过某个度，又成了腐蚀和毁灭组织的“恶之花”。

也就是说，我们人类组织在根本上是围绕着人性中的欲望运行的，就像银河系 3000 亿个恒星环绕着黑洞运行一样，恒星在能量耗尽之后要么大爆炸，要么掉入黑洞，成为黑洞的组成部分，进而吞噬别的恒星。形形色色的个体欲望既是组织的能量场，也是组织的黑洞场。细思量，真有点悲剧的意味。

具体而言，组织的黑洞包括三个方面——腐败、山头与懈怠。我在《下一个倒下的会不会是华为》一书中对此有较为系统的阐述，在“组织兴亡律与组织变革”这一讲中有进一步的论述，这里不再赘论。

这里特别强调的是，无论腐败、山头还是懈怠，都无不源自人性，源自人性的欲望。组织是人的集合体，也是人的欲望的集合体，因此：

第一，我们要善于利用和激发人的欲望，将它转化为组织进取的动力，就像原子能，它可以用来发电，用来对付天外小行星对地球的撞击。欲望在这一层意义上是一种正能量，是组织存在和扩张的前提。

第二，我们也要清晰认识到，欲望具有双属性，当我们利用它做进攻的武器时，它也会反噬组织，对组织造成杀伤力。比如欲望释放的同时会衍生腐败，会滋生利益集团，欲望满足的另一面会带来懈怠。

第三，正因此，自我批判与组织变革对任何组织来说，就如空气与水一样，须臾不能离开。

第四，正如黑洞具有强大的引力，组织的黑洞同样具有顽强的生命力和强大的引力，组织必须通过构建更为强大的文化与制度引力，以抗拒和抵御腐败、山头和懈怠的反向引力。

最后一点是，组织黑洞是长期存在的，组织不可能通过一次、多次的变革将其完全清除，而且它类似于韭菜，割了一茬又会长出一茬，所以组织和组织领袖们的一大职能便是，永续自我批判与永续变革。组织不死，变革不止啊！

宇宙的宿命是，恒星会死亡，宇宙也会寂灭。人类的宿命是，人会死亡，组织也会衰亡。恒星在死亡时，便把种子抛向了太空；人类在个体死亡时，便把智慧留给了人间。华为总有一天也要死去，会把什么留下来呢？文化与制度。

华为未来也许有许多种死法，比如被腐败腐蚀掉，被大大小小的山头吞噬掉，被懈怠的黑洞绞杀掉，如果华为死于这其中的一种，那一定是因为华为的文化被扭曲与弱化了，制度从良制异化成了劣制和恶制。如果华为文化不死，依然强健，制度健康，简明而富于活力，华为恐怕很难死掉。

也有资深华为退休高管和我一起推演过一种极端情形：如果外部

足够强大的力量将华为一夜之间摧毁，它会出现什么状况？也许会变成一个八爪鱼，19 万人可能分解成几千人或上万人的多个组织，但是这十几个甚至几十个的“小华为”拥有同一种灵魂，拥有相同的价值观和相同的文化与制度基因，那对打击者们来说，恐怕是他们更不愿看到的结果。这就像一个星体在爆炸后产生的无数的碎片撒向宇宙，宇宙中又诞生了许多新的恒星。而且，这些新恒星拥有巨星所不具有的优势：体积小，寿命长，反应速度快，战斗力强悍。

恐龙曾经统治地球表面一亿多年，人类的时代才区区几十万年，但我们已经具有了恐龙所不具备的力量。“我们是人类，是所有捕猎者中最强大的一种”，因为我们有危机意识，我们勇于创新，勇于自我批判和自我修正，同时勇于进行变革。最重要的是，我们善于和精于变化。

# 第 13 讲

# 危机时期，拒绝悲观主义

## 疫情，不过是加速了危机的到来

疫情尚在高峰期时，网络上关于企业困境的讨论便开始热闹起来，各种策论、建言出笼，细读之，均有启示。我换个视角，谈点不成熟的看法。

中国企业尤其是制造企业当下的困境，早已是不争的事实，未来几年不但难有好转，而且困境还将进一步加深。真正的经济衰退刚刚开始，对企业和企业家的艰巨挑战还在后头。疫情有可能加速危机的到来。

中国以 40 年的时间展开了人类有史以来最大规模的一场商业运动，人均 GDP（国内生产总值）从 1978 年的 381 元人民币跃升到 2019 年的超 1 万美元，GDP 总量位居世界第二，堪称奇迹。要知道的是，全球人均 GDP 超 1 万美元以上的国家中，仅有美国人口超过 3 亿，大多数国家的人口在 1000 万以下。中国是在一个接近 10 亿人口（1978 年人口计数 9.6 亿）的基础上开启它的改革之路、开放之路、现代化之路的，尽管有所谓人口红利之说（此说存疑），但根本上是改革红利、开放红利、以经济建设为中心的红利。

但不能不反思的是，奇迹的另一面是GDP的质量与经济发展的模式。经济正如大自然的四季节律一般，有其繁荣—衰退—萧条—复苏—再繁荣的周期性规律，每一次的复苏与繁荣都会诞生一批新产业和新企业，并使得一些企业快速崛起、急剧扩张；而每一次的衰退与萧条也会让一些孱弱或虚胖的、管理不善或产品落后或产业落后的企业走向消亡。

优胜劣汰的法则在周期进入冬天时尤其显得残酷和无情，但对整个国家的经济生态来说则未尝不是件好事。

然而，过往40年，中国经济基本上呈现出的是一条持续上扬的大阳线，只有春夏秋三季，罕见过冬期。这固然和我们的起点低、各类需求旺盛、主动融入全球化、企业家精神等各种因素有很大关系，但我们也必须看到的是，从上到下对每一次经济衰退信号的过度敏感和恐惧所带来的多种力量推动下的对正常周期波动的过度干预，使得春常在，夏常在，秋常在，使得自改革开放以来，多数年份保持了10%左右的增长。政策之手、有形之手搅动着一个接一个的产业潮动，诸如房地产、互联网金融、重化工、基础设施建设等。每一轮的产业运动都会抹平冬天，延迟衰退的脚步，但同时也给未来积累了更大的危机、更严酷和更长的冬季。

反周期、逆周期对单个企业来说，也许是最智慧、最应有的选择，对一个大的经济体来说，因为它是一种经济生态，是一种环境，所以必须遵循规律和法则，不到万不得已，应该慎用补药，慎用干预性手段，尤其是不能用运动方式、“大跃进”的方式拔苗助长。

中国稍具规模的民营企业大多是在这样的反周期、反经济规律背景下成长起来的，它们今天遭遇的发展困境也无不与此有关。诸多民企在过往几十年中大多跟着政策和风口起舞，大多走了产业多元化之路，大多染指了房地产、股票市场、互联网金融及举债兼并、横向扩张等热门经营活动，企业的规模迅速扩大了，但管理远远跟不上，再加上中国经济已经和将要进入一个长时期的调整期，而且有形之手、政策之手也无力和不能再过度地施展手脚，一些曾经辉煌的企业开始步入蹒跚期，一些指望政策拨云见日的企业坐等无望而陷入艰困，一些企业开始进行痛苦的转型和管理变革，也有一些企业走向彻底衰落。当然，也有相当一批科技企业尤其是中小科技企业、服务型企业逆境崛起。

这是 2019 年不断出现在中国大地上的事实，我曾经判断 2020 下半年这一趋势会进一步加深，而疫情则将危机提前了、加剧了。事实上，中美贸易摩擦、美国的科技霸凌也加深和加剧了衰退的到来。而更深层的背景是，不仅是中国，世界各国都面临着一次大范围的经济盘整，全球又一次的经济危机也许会提前引爆。

## 大猫小猫，活下来就是好猫

冬天不可避免地要到来了，事实上已经到来了。这次的全球经济危机大概率是一个漫漫长夜，中国亦然。对于企业和企业家来说，一定要有长期过冬的准备，宁可准备过度，也不能有任何侥幸心理。大机会时代已经远去，机会主义的经营观不仅过时，而且会导致坐困愁城。企业在当下和比较长的一个时期内应该始终思考的是：活下来，以什么样的方式活下来，活成什么样。但无论怎样，不管黑猫白猫、大猫小猫，活下来的就是好猫。

任正非长期信奉的就是“活命哲学”。华为的30多年历经沧桑，磨难无数。一部华为发展史就是一部危机史、冬天史。任正非在2001年写下那篇著名的《华为的冬天》的文章，又在2002年写了《华为的红旗到底能打多久》一文，这两篇文章不仅表达出企业家的强烈忧患意识，也吐露出真正的现实。在长达10多年甚至更长的时间里，华为随时有可能由于各种内外因素而垮掉。但也正是一个接一个的危机，使得华为永远不抱幻想，永远把明天当作“倒下去”的那一天，所以才不断加强管理，不断进行文化和制度建设，不断开展组织变革，持续加大面向客户的技术创新和面向未来的研发投入，从而使华为不仅活了下来，而且活得更强壮。

美国打压华为，是对华为文化实力、组织实力、技术实力、产品实力、管理实力的一次全面检验，华为及格了。

疫情暴发给每一家中国企业都带来了阶段性的巨大挑战，但华为在 2019 年所遭遇的挑战和压力是世所罕见的。华为顶住了一个超级大国的全方位、高强度、高密度的打压，并达成了 19.1% 的业绩增长。这种打压还会持续，还会升级，甚至长期存在，对华为来说，无非是另一次危机而已。2001 年的全球 IT（信息技术）泡沫、2003 年的思科诉讼案、2008 年的金融危机，以及 2019 年的美国打压，无不是在为华为创造一次变革、转型、跨越发展的重大机会。

虽然人们本能地抗拒危机，我相信任正非和华为的高层领导群体也天然地厌恶危机，但换个角度看，假使 30 多年里没有这一个又一个的内外危机，华为会不会有今天的成就？未来会不会持续创造奇迹？答案也是不言自明的。

在某种程度上，华为历史上的一些危机是任正非造成的，是华为自己造成的。中国过去 40 年可以说是机会遍地的 40 年，许多企业选择了拥抱每一个机会、每一次政策利好，许多企业家膜拜杰克·韦尔奇的多元化战略，许多管理学家告诫企业家“鸡蛋不要放在一个篮子里”（一位从事生物技术开发的企业家却说：“你见过哪个农妇将几十个鸡蛋放在不同的篮子中？没有啊，除非一个篮子装满了，再加一个篮子。”农妇们依据常识做决定，管理学者依据模型和想象做推演，似乎农妇总是比管理学者聪明。农妇的本能告诉她，分散风险的同时是资源和能力的分散，结果篮子守不住，鸡蛋也碎了。管理学者大多活在自说自话的世界中，他们既没编过篮子也没养过鸡）。但华为却选择把鸡蛋放在一个篮子中，拒绝多元化，拒绝资本化，拒绝一波又一波的政策风口，几千人、几万人、十几万人长期聚焦在自身选定的产业方向上，聚焦在通信技术的主航道、城墙口，30 多年研发年投入始终占销售额的 10% 以上，近 10 年，华为每年研发投入 100 亿美元至 150 亿美元，终于在全球通信行业赢得领先地位。

聚焦战略、压强战略的背后却是无法言说的痛苦与煎熬，然而也正是强大的、高度聚敛的内生能力（技术、产品、文化、管理的内生力量）使得华为能够在一次次的危机打击下挺得住，活下来。

我们需要“一根筋”的企业和企业家。什么叫“一根筋”？专注、再专注是一方面，更重要的是使命精神。只要企业家生命中的每一个细胞都浸满了对所从事事业的热忱，再大的困难也很难打垮企业家的意志，也无法让一家饱含斗志和力量的企业趴下。任正非就是一位“一根筋”的企业家，华为就是我们这片土地、我们身边的“一根筋”企业的经典范例。

## 千变万变，14 亿人的消费需求是刚性的

危机时期，对企业家们来说，最为重要的是拒绝悲观主义，正如在大机会时代应该警惕机会主义。中国相当一批有一定规模的民营企业，今天所遭遇的困境固然与身份有关系，但实事求是地讲，在极大程度上也是过去几十年的机会主义战略取向带来的。而在当下和未来

的冬天，企业家们则要咬紧牙关，坚定信念，以乐观主义心态面对各种可能出现的挑战。任正非拥有强烈的危机意识，但他从来不悲观，事实上他是一个不可救药的乐观主义者。对于任何一位真正的企业家而言，悲观主义与他们是绝缘的，堂吉诃德式的乐观与英雄主义才是他们生命的主旋律。

这里讲的乐观并非让企业家们盲目乐观，而是要让大家在危机弥漫的当下认清一个本质：只要人们的消费活动依然存在甚至偏于旺盛的存在，就有市场，一大批企业就有活下来甚至活得更好的机会。千变万化，千难万困，14 亿民众每天每时巨大的吃喝拉撒睡的物质需求是刚性的，每年每月的学习、娱乐、旅行、交际、信息获取与交流的巨大的精神需求是刚性的，最大程度和最有效地满足 14 亿消费者这个天文数字般基数的多元物质与多元精神需求，在繁荣期是企业的使命，在经济的衰退期亦然是。固然，衰退期人们的消费或许会趋于谨慎和理性，会捂紧口袋，但这也会迫使企业加快技术创新与产品升级。

萧条期对一些企业而言是灾难，对另一些企业而言则是机遇，重要的是企业家的认知与精神气质。你天天凝视着深渊，深渊也时时在凝视着你。你在危机中看到的是刚性的市场需求和新的市场机会，看到的是竞争烈度事实上的降低（一些竞争者垮掉了，一些竞争者趋于保守），也许就抓住了难得的发展良机。欧美历史上一批伟大的企业都是在萧条期、动荡期崛起的。

而且，我们的企业也该过过冬了，凛冬首先会让我们警醒：经济不会只有春夏秋这三个季节的。其次，凛冬会推动企业主动或被动改变认知：谁是真正的“上帝”？客观地讲，这些年由于中国经济的超常规式、升虚火式的发展，在机会遍地的同时，我们有相当一批企业对客户、对消费者是漠视与居高临下的，对产品质量是忽视的，萝卜快了不洗泥，假货、伪劣产品大行其道。结果是什么呢？一方面是企业库存的严重积压，另一方面是每年数千万的中国民众走出国门看世界、“买世界”，大包小包地将奢侈品和眼药水等各类日常消费品买回世界第一的制造大国，这不能不说是中国企业的集体悲哀和遗憾！

换个角度看，至少到2019年年底，中国消费者“买世界”的热潮依然未见消退，这也从一个侧面表明，消费者的需求暂时依然是旺盛的，消费者的需求升级是强烈的。过去几年许多学者和企业家认为经济已进入衰退，我和一些朋友讨论的看法是“伪衰退”，因为从海外购物热我们感受到的是需求很火爆（这个词用在过去几年是恰切的）。但进入2020年，这一“海淘”景观能否持续，还有待观察。

设想，倘若这次突发疫情提前引爆的经济衰退，能够使我们的企业普遍自醒，普遍重回艰苦奋斗和脚踏实地的状态，普遍以百倍的努力做回“百分之百的乙方”，以最谦卑的姿态抓产品质量、抓产品服务、抓管理，从而留住了一批国内消费者出走的脚步和他们的口袋（早该如此了，亡羊补牢，犹未为晚），这个冬天对中国来说、对中国企业来说，也未尝不是件好事。

## 哪有什么大师，大师是企业家自己

“华夏基石 e 洞察”微信公众号的宋劲松老师约我就企业如何抗疫情、如何过冬写篇文章，也有一些企业家发微信给我，讲某某管理大师开的“药方”如何平淡无味，我只能说，还是要相信你自己，自助者则自强，自强者则立于不败之地。哪有什么大师，从伟大的泰勒到伟大的德鲁克，他们对企业管理的卓越贡献都主要是对各自所在时代的企业管理实践的案例总结而已，企业和企业家开掘了一个个湖泊，管理学家挖了一条条大运河，将湖泊逻辑化、系统化、工具化、网格化，但也同时使之教条化。企业的灵魂永远是企业家自己，企业管理理论与实践的真正创新者、创造者主要是企业和企业家，而不是什么管理顾问、咨询专家。

必须坦承，我自己仅仅是个企业观察者和思考者，而且 20 多年近距离观察和思考的企业也仅有一个：华为。所以我想从华为是如何应对危机的角度，给企业家们一个“邻家”的视角。

2018 年 12 月初，孟晚舟事件爆发，美国从总统到相关部门，到国会，半年之内密集出台了一系列针对华为的强力打压举措，大有“一举消灭华为”之势。客观地讲，前一个多月，华为高管层还是有点紧张的，任正非也显得焦虑和焦躁，但这并未影响他们快速进入战时状态、针对战时状态的战略进行部署，以及迅速调整队形。三箭齐发：法务、研发“补洞”、公共关系齐头并进，各自井然有序地“进入战壕”，开展进攻战和防御战。

令我印象深刻的有三点。一是华为在诉讼战线上主动迎战，起诉美国政府和加拿大政府。二是从 2019 年 1 月下旬开始，研发和产品部门、供应链部门通力合作“补洞”，在春节放假期间，一万多名员工不分昼夜地加班加点，后勤服务体系给予全力支撑，仅深圳坂田基地总部假日加班的后勤保障人员就有几千名，任正非等高层领导从大年初一开始，每天去办公室看望和慰问员工。2019 年 5 月 16 日，美国制裁的靴子落地，三个月之后，任正非对美国媒体说，华为在高端芯片和核心元器件方面，基本实现了对美国的零依赖。三是立体化、高频次的媒体公关战。尤其是 30 多年以来很少与媒体打交道的任正非站到了前台，密集、频繁地接受全球各大媒体的专访，累计的文字整理稿在百万字以上。用一位媒体监测专家的说法就是，上半年华为头上的天是黑漆漆的，10 月以后，天变灰了，2019 年年底，天边有了鱼肚白。

德国《镜报》有文章称：美兜售华为禁令沦为外交灾难。

更令人印象深刻的是，如此严重的危机，华为最高层参与危机应对的人数仅有几位，常务董事会的多数成员照样进行日常管理，除了 2 万名左右从各个岗位（以研发为主）集合起来的“补洞”员工不分昼夜地加班加点，其他十几万名员工似乎像什么事都没发生一样，依然按固有的节奏有序工作，几乎看不到躁动和不安。一切都是静悄悄的，而静悄悄的背后是岩浆一般涌动的战斗力和凝聚力。

与此同时，华为乘危而行，加快、加大了组织变革的速度与力度。

这次变革对华为未来 10 年的健康发展具有决定性意义。华为内部有人称：特朗普不仅为华为做了一次超级广告，也是华为的改革倒逼师。

2019 年我近距离地观察了华为的若干位领导、高管、专家、中基层管理者、普通员工，在华为不同部门有过若干次讲座，也参加过一些会议，我的一个深刻结论是：这是一支敢作战、能作战、善作战、战必胜的商业部队，在充满活力的同时拥有井然的秩序。

假期蜗居在深圳某酒店 8 天，再读《新教伦理与资本主义精神》（第 5 遍），我的体会更深了一层。清教训导真正的清教徒企业家要“尽其所能地获取，尽其所能地节约，尽其所能地奉献”，要诚实守信、自制与自我警醒、守纪律与自我节制，要有超出寻常的坚毅、克服无数障碍的持续恢复力，要弃绝由本能驱动的腐化与享乐，让工作（劳动）成为天职，采用理性化与组织化的工作方式……这一切，难道不应该是中国企业家所应追求的精神气质和组织气质吗？

疫情终将过去，生活还会继续，企业的经营是长期的。但愿一场突如其来的疫情和将要到来的经济寒冬，让中国的企业家群体有一次根本性的工作和生活方式的蜕变，尤其是精神蜕变，回到中国传统精神的勤勉与节俭，长期奋斗并朴实、朴素地生活和奉献，弃绝懈怠与奢华，远离机会主义；也但愿一批有使命元素的中国企业实现从理念到制度到人才以及从技术到产品到市场的全面升华。

经历了凛冬而依然挺立的企业和企业家将会走得更好、更强健。这是未来一定会发生的中国新奇迹。

## 附录 1

# 中国需要长期坚持实业立国的发展战略

【正和岛按语】中美贸易摩擦中，华为这家中国公司成为两个大球碰撞、挤压的焦点之一，华为和任正非也从而成为全球媒体、政要、学术界、科技界、企业界乃至于普通大众持续关注的焦点。何因？根本点在于它在全球通信制造领域的领先地位和无可争议的技术、产品话语权。

华为是中国科技制造业的经典标杆，华为对制造业的长期坚守、对工程创新和基础研究的不懈投入，对全球的经济与企业管理也不无借鉴意义。

美国今天的诸多问题是过往40年的过度金融创新、华尔街的金融资本主义扬弃了美国强大的根基——工业资本主义所导致的。而硅谷的华尔街化、金融化，使得华尔街加硅谷正在加速地改变美国传统价值观，改变美国的财富创造模式和财富分配模式，“制造业重返美国”从奥巴马时代就被响亮提起，特朗普更是大声疾呼并采取了诸多行动，但去制造业几乎成为美国一个不可逆的进程。

中国在过去20年左右也经历了制造业被资本化、虚拟经济、房地产浪潮严重冲击的过程，制造业虽然也有不同程度的发展，但总体上生存艰难，在一些地方甚至被边缘化，资本、人才等纷纷涌入所谓热门产业，创新大多在风险资本牵引下朝着“短平快”的轻资产行业、流通业倾斜，社会舆论长期冷落、看衰制造业，这些现象使得我们今天面临的经济与社会挑战尤其是就业挑战变得复杂而严峻。美国的挑战要从自身找原因，而非其他国家造成的，中国同样如此。

对美国来说“制造业重返美国”至为重要，对我们国家来说最紧迫的现实是，如何形成制造业对越南等周边国家制造业的竞争优势，留住制造企业，让工业家们以从事工业制造为荣、为使命，而不是灰头土脸；让制造企业轻负轻装，有信心、有能力、有决心长期聚焦实业，而不是度日维艰，转而成为所谓“企投家”或机会主义者。

我们要格外珍惜中国几十年来形成的多种所有制、多门类、多梯次的制造业基础，以未来20年、30年的时间全链条地夯实制造业，并不断实现转型升级，若干年后中国的全球竞争力将会大为不同。

华为总裁任正非在多次讲话中倡导向德国、日本、瑞士学习，脚踏实地，几十年如一日瞄准一个方向，做大做强制造业，这是一个放眼世界、有 30 年成功实践的企业家的深谋远虑的观点，很值得今天的中国企业家、社会精英、决策者们研究和思考。

本文作者田涛是华为公司管理顾问，于 2010 年赴丹麦考察其制造业和劳工制度之后写出此文，首发于《第一财经报》，《华为人报》以整版篇幅全文转载。9 年之后重读此文，仍然具有现实意义。

## “泡沫化”和“去实业化”现象种种

发端于 20 世纪 80 年代的经济全球化，给我国的产业发展带来了前所未有的大机遇，尤其是在 2001 年加入 WTO（世界贸易组织）之后，中国以制造业为代表的实体经济得到了突飞猛进的发展，也涌现出了一批具备全球竞争力的知名企业，如联想、海尔、华为、奇瑞等。特别是一大批中小企业的成长，向国内和世界提供丰富的价廉物美的产品，向世界输出了“中国制造”的新概念，给中国经济带来了充沛的活力。这是我国商业史上最为辉煌的黄金时期。

然而，近年来，“去实业化”现象开始急剧蔓延。以高速膨胀发展的房地产和股票市场为代表的虚拟经济，正在严重冲击我国实体经济的发展。

以房地产业为例。以房地产为主业的企业，在过去的 10 年左右，普遍获得了超常规的扩张。截至 2008 年年底，全国注册的房地产企业达到 21.4 万家，1986 年不足 2000 家，2000 年约为 2.7 万家，企业数量和增速堪称世界之最。一批地产商人以神奇的速度进入中国富豪榜，亦堪称世界之最。

房地产成为远远超越实体经济的暴利行业，其引领效应是，从中央到地方，国内稍具规模的各类所有制企业的多数，几乎都涉足地产开发和经营。一些曾经备受大众尊重的知名实业企业，如联想、海尔、国美、雅戈尔、新希望等，也都从主业分兵房地产和资本经营，并赚取了高额利润。

近年来虚拟经济的快速膨胀，已经或正在严重冲击到实体经济的发展，尤其是金融危机以来，我国企业特别是一大批中小企业的发展环境普遍恶化，曾经以实业为主体的浙商群体、以资源开发为主体的晋商群体以及许许多多的民营企业，纷纷投身房地产、股票、艺术品等领域。

更为严重的是，众多大型中央企业都曾经是房地产市场的参与者。在国资委近期推动 78 家央企退出房地产业计划之后，目前依然还有 16 家央企被定义为房地产主业公司。

近年来，境外资本尤其是香港资本，也通过各种渠道，纷纷涌入内地房地产业，香港一批知名上市公司其主要利润来自在内地常年囤积的土地增值和房产交易。同样内地众多上市公司，包括实业型企业，其利润的相当部分来自地产收益。

中国到处都是大工地，大大小小的城市处处高楼林立，然而，相当多的楼盘空置化，相当比例的楼盘被掌控在投机客手中。30 年的改革开放，中国的确积累了相当一批高收入人群，但是，在房地产高速发展的前些年，这些多年形成的财富人群的自住和改善性住房需求已经得到了充分释放。所谓中高端住房“需大于供”的现象，其实可能是一个虚幻的假象，在节节攀升的高房价背后，却是相对贫困人群的蔓延，一些潜在的中高档住房需求者的收入水平与购买能力之间的距离越来越大；房地产市场的贪婪和投机，在去年以来已达到近乎疯狂的程度，所谓“一套房子消灭一个白领”的现象正在严重腐蚀我国经济的健康肌体，也给社会稳定带来隐忧。

再以资本市场为例，我国有上亿股民，企业家、政府官员、影视体育明星、退休工人、公司白领，乃至于大学、中学和小学老师及大学生都加入到了股民行列，整个社会弥漫着赚快钱的财富赌博风气。

在企业界，短期行为成为普遍现象，企业的目标和思维方式也越来越资本化，一些成功上市后的企业，创业家转瞬之间进入股权投资、风险投资等投资家的行列。而我国最短缺、最珍贵的企业家人才，在虚拟化、资本化的大潮下，许多人魔术般地快速成长但亦急速变身，创业、奋斗的文化在企业界变得越来越“落伍”，这已经对我国实业经济的长远发展构成根本性威胁。

我们的社会正在变得越来越躁动，各个阶层都在被欲望和焦虑所困扰。即便是富裕阶层，也在竞相赶超的资本赌博和虚拟经济的游戏中变得焦灼不安，以至于整体出现价值观的迷失，快乐和幸福感似乎正越来越远离我们的社会。

问题在于，在这种财富竞相追比、经济表面繁荣的背后，与发达国家相比，我国经济真正的竞争力到底是在增强还是在减弱呢？

## 奥巴马新政：美国启动“再工业化”

对于全球经济格局而言，此次危机最大的改变，现在看来并不是金融监管、国际货币体系改革，而是对发达国家经济发展思路的改变——从“产业空心化”到“再工业化”的回归。对于以制造业为主体的中国经济而言，这意味着全球投资市场、全球贸易市场、全球消费市场格局的重大改变。

2010 年 1 月底，法国总统萨科齐在达沃斯论坛上的演讲言犹在耳：“此次危机不是全球化中的危机，而是全球化本身的危机。”

危机之前走向过度虚拟化的美国经济，已经启动了“再工业化”的艰难转身。2009 年年底，美国总统奥巴马发表声明，美国经济要转向可持续的增长模式，即出口推动型增长和制造业增长，发出了向实体经济回归的强烈信号。这意味着，在当前金融危机的背景下，美国已充分认识到不能依赖于金融创新和信贷消费拉动经济，开始重视国内产业尤其是先进制造业的发展。“再工业化”成为美国重塑竞争优势的重要战略。

要知道，在 2007 年，美国制造业占国内 GDP 的比重只有 11.68%，对美国 GDP 贡献最大的行业是金融、房地产业。在次贷危机之前，美国金融、房地产服务业的利润总额占美国企业利润总额的 40% 以上；美国标普 500 强企业的总利润中也有约 30% 是由金融和房地产业产生。经济过度虚拟化、产业空心化是美国经济危机的最大根源。

美国再工业化不是简单的制造业回归，而是包含高科技引领在内。以智慧地球、智能电网、清洁能源和低碳技术等为代表，美国试图引领新一轮新兴产业革命，构建长期经济竞争力。美国还推出了未来 5 年的“出口倍增计划”。经济危机之下相对较低的土地和劳动力要素价格，为美国经济再工业化创造了相对较好的基础。

必须意识到，美国的制造业过去和今天依然具备强大的竞争力，“轮子上的国家”一旦回归到“实业立国”的传统财富增长轨道，再加上美国强大的科技创新能力和技术转化能力，美国实体经济非常有可能迎来复苏[①]。在此过程中，美国等西方发达国家的贸易和产业保护主义也会变得越发严重。

---

① 作者注：本人 10 年前的这一判断显然乐观了，低估了华尔街对美国经济和政治的强大左右能力，也低估了人心和经济力量的强大惯性，同时忽视了美国传统文化与制度正在走向不可逆的异化与衰变之路。尤其是，苏联解体后，丧失危机意识的美国变得无比自大和自私，因此它赖以强盛的自我批判和自我纠偏能力也大大降低了。

对于中国经济的长期思考而言，以美国为代表的发达资本主义国家再工业化，是最大的外部环境转换。类似于中国加入 WTO 之后 2001 年到 2008 年的全球贸易环境，很可能已经一去不复返了。

## “实业立国”重在国家政策导向

一部中国近现代史，从根本上讲，就是一部中国如何走向工业现代化的历史。

自晚清以来，无数先贤在国家积贫积弱的现实面前，发出振聋发聩的呐喊：实业救国。然而，迟至 20 世纪五六十年代，中国终于出现了一次重要的工业化运动，屡遭波折之后，到改革开放时期，中国实业经济才真正迎来宽松发展的黄金时期，到 20 世纪 90 年代以后，全球化和全球产业分工又为之提供了千年难有的重要机遇。

然而，近几年来以房地产和股票市场为代表的虚拟资产市场的急剧发展，非常有可能中断这个重要机遇和黄金时期。我们务必要明晰的是，对于中国这样一个大国而言，从过去的实业救国到今天和平时期的实业立国，是需要长期坚持的基本国家战略。

实业立国是一个国家经济发展的根本基础，荷兰、英国、日本、美国的财富发展史都充分证明了这一点。荷、英经济地位的下降乃至于衰落，无不缘于金融、地产经济的勃兴和实业经济地位的下降，当今美国经济的种种危机也皆缘于此。中国应对此保持足够的警觉。而事实上，我国人口众多、资源短缺的基本国情，更加决定了不能重蹈发达国家曾经走过的弯路。在美国等西方国家开始重振实业经济的大背景下，我们更需明确提出和长期坚持“实业立国”的基本国策。

怎样做到实业立国？这需要我们明确，金融和资本市场的本质是为实体经济服务，处于从属地位。但这两年来，这一本质似乎被颠倒了，众多财经媒体和大大小小的工商论坛几乎无不被所谓的“资本英雄”和“地产新贵”所蛊惑，真正的实业家阶层则普遍被遗忘了。再比如，在许多国家，房地产业主要是为了满足人们自住房的需求，但在我们国家却成了最大的财富“赌场”。所以，我们首先要改变的是整个社会的舆论环境：实业至上乃国家立国之本，投机盛行是国家的灾难。

实业立国，重在国家的政策导向。对我们这样一个大国来说，形成一批具备国际竞争力的多种所有制的大中型企业是绝对必要的，但是，除了一些事关国家经济政治安全的核心领域，政府不应成为市场的主要参与者和运营者。

此外，我国人口众多的基本国情决定了，发展以劳动密集型产业为特征的中小企业和农业，是我们要长期坚持的方向。保就业、促就业应成为我国宏观经济政策追求的最大目标。必须清楚，首先只有在灵活用工制度的基础上，企业才能得到良性发展，就业才能得到最大满足。其次，所谓的产业结构转型，也必须建立在市场选择的基础上，任何人为的揠苗助长行为和一窝蜂被动的、强压制的产业升级，都不利于企业的正常发展，企业说到底是市场化的产物。

创造就业和缴纳税收是企业对国民经济最重要的贡献。和发达国家不同的是，在我国以间接税为主体的税收结构中，企业贡献了我国税收的大部分。创造税负水平合理、企业负担透明的机制，是提升企业竞争力的重要保障。但令人忧虑的是，我国企业通常还要承担太多就业和税收之外的其他责任。企业，尤其是实业型企业，代表着国家的核心竞争力，要提升国家竞争力，就必须致力于为企业创造平等、宽松、透明的发展环境。

他山之石，可资借鉴。举例来说，丹麦是一个北欧小国，但却连续多年被评为“全球最适宜经商的国家”，丹麦自 2007 年起曾连续两年在全球竞争力排名中位列第三。这缘于丹麦灵活的劳工制度、对企业家的重视、教育科技创新领域的高水平，以及较轻的企业税负水平。与当下一些人认为的经济发达、金融市场也一定发达不同，丹麦等北欧国家虽有股票市场但并不发达，房地产业发展也更为稳健，此次危机中，丹麦就几乎没有次贷问题，借贷者的偿付能力相对较好，抵押贷款市场运行稳定。

丹麦是公认的高福利国家，但丹麦拥有极为灵活的企业用工制度，企业可以自由裁员。灵活的就业机制创造了丹麦 4% 左右失业水平的近似充分就业状态。一旦有人失业，政府会承担起保障机制。但是探究高福利的成本，并不是由企业承担，丹麦企业税率实际上只有 25% 及 25% 以下的所得税，除此之外不承担任何社保等其他支出，高福利主要是由个人通过高比例的个人社会保障税（8%）和个人所得税来支撑。

现代化不等于美国化，当然也不等于欧洲化，每个国家都有自己独特的国情。美英自由资本主义过度发展虚拟经济的做法不适合中国，丹麦等福利资本主义的高福利也不适合中国。事实上，达沃斯世界经济论坛对丹麦未来经济竞争力的担忧，最大一条就是高福利能否持续的问题。近期希腊等国的主权债务危机，背后的问题就是财政体系无法承担高福利支出。在我国，应该建立普遍基本的比如养老、医疗、失业救济等社会保障体系。建立社会保障体系和大力发展教育，应该成为我国公共财政支出的主要方向。

我国是一个人均资源占有量极低的国家，从人均来看依然是一个较为贫穷的发展中国家，我们要格外警惕现代化进程中逐渐滋长的乐观和自负，要充分意识到国家和个人财富的增长是一个缓慢的过程，不能推崇挣快钱，还是要强调全社会各阶层普遍的实业精神，大力倡导脚踏实地的艰苦奋斗文化，推崇以奋斗为本的价值观。

法国前总统萨科齐先生今年 1 月在达沃斯论坛的演讲中深刻批评了“金融资本主义”。他指出，危机之前的全球化首先是利润的全球化，所有的结余资产全球化，把一切的资金都给了全球金融业，而没有用于企业和劳工，创业者往往被置于投机者之后，而那些靠利息生活的人超过了靠劳动谋生的人。

萨科齐认为，有一些行为是不能够再得到公众的宽容和容忍的，比如过分的获利，这不能够再被接受，因为它和创造财富、创造就业是不成比例的。这样的一些收入也是不能容忍的，因为它和成绩毫无关系。经济应该为人服务，经济本身不是目的，而是手段。

很显然，萨科齐将实体经济的创业者、劳动、就业放到了至高无上的位置上，而金融资产投机则受到抨击。这是清醒的。中国显然也需要这种清醒。

**附录 2**

# 作者历年讲座目录

（2013—2019）

1. 欲望的激发与控制——华为的人性管理模式与实践
2. 简单、开放与包容：华为文化解读
3. 读史论华为
4. 简单驱逐复杂——华为人力资源管理精髓
5. 变革方法论：华为的变革之道与实践
6. 华为警视：好的基因能确保节节胜利么
7. 华为观察：走出组织的四大长期困扰
8. 二元悖论：华为的创新哲学
9. 组织黑洞与自我批判——华为的自洁机制与实践解析
10. 模式与选择：华为的全球扩张战略
11. 理念·制度·人——故事、哲学与华为的兴衰逻辑（共五讲）
12. 不在非战略机会点上消耗战略竞争力量
13. 枪林弹雨中成长

14. 华为的理念创新与制度创新

15. 任正非：一杯咖啡吸收宇宙能量

16. 任正非：一桶糨糊黏结世界智慧

17. 华为：企业文化的胜利（共三讲）

18. 小人物创造大历史——华为的 5 种力量

19. 小推车推出世界 500 强

20. 大机会时代，拒绝机会主义——华为的 30 年实践与启示

21. 一杯咖啡论英雄——英雄三部曲之一

22. 企业家：新时代的英雄——英雄三部曲之二

23. 华为向中外军队学到了什么

24. 恐惧是变革的最大动力

25. 顺应与创造：华为的客户需求管理

26. 观念的力量——华为的奋斗文化与动力机制

27. 烈火烹油下的冷思考——今天与未来的华为最需要什么

28. 信念 · 组织力 · 战略——华为的目标管理

29. 剑桥对话：漫论东西方领导力

30. 组织兴亡律与组织变革

31. 企业文化的本质之一：使命感认同

32. 我们为什么要做企业家

33. 企业家精神与商业革命

34. 同理心：领导者之核心心理品质

35. 组织进化的逻辑（上、下篇）

36. 在常识与梦想之间

37. 精神激励——一种虚拟的价值符号

38. 从神圣使命到世俗动机——科技创新的使命与动机漫论（上、下篇）
39. 互联网：一种颠覆性力量的存在与解析
40. 生命中不可承受之重与“之轻”——企业中员工职业心理案例分析
41. 全球化时代的“洼地竞赛”
42. 危机时期：拒绝机会主义与悲观主义
43. 商业组织的进化逻辑
44. 观念的力量——《新教伦理与资本主义精神》解读
45. 世界秩序：前 70 年与未来 30 年——《世界秩序》解读
46.《管理的革命》解读
47. 黄金时代到“镀金时代”——《清教徒的礼物》解读
48. 你点亮蜡烛，黑暗会自动消失——《极简宇宙史》解读
49 . 一个家族，两个国家，三本书——读史漫论组织兴衰律